这样做，
买对ETF

华夏基金 / 编著

中信出版集团｜北京

图书在版编目（CIP）数据

这样做，买对ETF / 华夏基金编著. -- 北京：中信出版社, 2024.12. -- ISBN 978-7-5217-7042-1
Ⅰ.F830.91
中国国家版本馆CIP数据核字第20246UR154号

这样做，买对ETF
编著者： 华夏基金
出版发行：中信出版集团股份有限公司
　　　　　（北京市朝阳区东三环北路27号嘉铭中心　邮编 100020）
承印者： 北京通州皇家印刷厂

开本：787mm×1092mm 1/16　　印张：15.5　　字数：166千字
版次：2024年12月第1版　　　　印次：2024年12月第1次印刷
书号：ISBN 978-7-5217-7042-1
定价：69.00元

版权所有·侵权必究
如有印刷、装订问题，本公司负责调换。
服务热线：400-600-8099
投稿邮箱：author@citicpub.com

序言

ETF，简单投资，美好生活！

投资是一件极为复杂的事情，我们一直希望通过自己的努力，让客户的投资变得简单、充满幸福感。

投资是为了更好的生活，而不是让生活困于财富的增减。我们一直在寻找更好的解决方案，助力客户实现简单投资、美好生活。在探寻的过程中，我们发现 ETF 是个不错的选择。

ETF 投资足够简单。它的原理简单易懂：跟踪特定指数，买入并持有指数中的证券，以证券在指数中的比重为投资比例，收获与指数差不多一致的涨跌。指数编制规则透明，定期调整，成分股一目了然，策略清晰。因为明明白白、风格稳定，投资 ETF 可以免去很多未知、不确定性因素给投资者带来的焦虑。更重要的是，ETF 是一种降维工具，它把所有的理念、行业、主题，用一个简单的解决方案呈现出来，通过归集和浓缩，让复杂的事情变简单。比如，权益 ETF 将上市公司纷繁复杂、千头万绪的故事，有规则地浓缩进一个个"篮子"里，将投资者从烦琐、复杂、需要花费大量精力的个股分析中解脱出来，改以整体性思维角度有效简化投资决策过程——看好市场大方向时，可买入代表性宽基ETF；看好某一行业或主题机会，买入对应的行业或主题ETF即可。以透明给予安心，以降维给予轻松，在投资目标不打折的同时，ETF为我们提供了更轻松的投资体验。

ETF投资并不简单。在投资者看不见的背后，为了每一笔交易的顺利完成，庞大、繁复的准备工作每天都在有序、高效地进行。无论多晚，每个交易日前夜，基金管理人都要保证PCF清单（申购赎回清单）正确制作、准确上传；开盘前要再次校验相关文件是否传输到位，检查ETF仓位和结构是否符合标准，并及时做好再平衡指令准备；盘中更需密切观测和应对各类申赎行为。为了更好地追踪指数，ETF保持满仓运作，基金管理人的投资管理、估值清算、头寸管理和风险控制等能力时刻接受着市场考验。面对成分股停牌等突发事件时，为了实现更小的日均跟踪偏离度和跟踪误差，无数精密的调整工作需要基金管理人在短时间内高效完成……ETF看似轻松简单的被动跟踪背后，是基金管理人以"负重前行"换来客户的"岁月静好"！

将复杂留给自己，把简单交给客户，用尽全力让客户的投资毫不费力，这就是华夏基金ETF产品和服务的核心要义。

为了将这份简单做到极致，华夏基金已经深耕ETF二十载。2004年，华夏基金推出境内首只ETF——上证50ETF，拉开境内ETF发展大幕，并以"孤勇者"的坚持熬过ETF在A股大地扎根蓄力的漫长时光。我们从投研、风控、制度、系统、产品、服务等多个角度出发，坚持精耕细作和自主研发相结合，形成品牌、产品、技术和服务四重壁垒，并以强大的科技、系统赋能，打造公司ETF业务核心竞争力。深耕厚积二十载，华夏基金沉淀了丰富的ETF投资管理和服务运营经验，打造了全面丰富的ETF产品矩阵和高效智能的支持系统，ETF业务已经从1只、54亿元，发展到91只、超6000亿元，持续保持行业领先。

展望未来，我们正在迎来ETF的黄金时代。在市场各方合力推动下，我国资本市场指数化投资趋势正加速形成。注册制改革的走深走实，为构建高质量指数体系提供了重要的前提条件。监管部门持续为指数投资创造便利化条件，ETF生态配套逐步完善。交易所、基金公司、券商等市场参与者密集开展各类投教活动，使指数投资理念逐步深入人心，我们正在迈向全民ETF投资时代！

为了更好地服务客户，除了打造具备竞争力的ETF"单品"，华夏基金更积极探索基于不同投资场景的ETF解决方案，帮助客户配置各类ETF，提升使用ETF投资的获得感。华夏基金为各位读者奉上这本《这样做，买对ETF》，希望以此助力更多人全面了解ETF知识，充分用好ETF各项工具属性，掌握ETF各类进阶策略。未来，华夏基金将继续坚持研发创新、坚持客户陪伴、坚持共建良性的ETF行业生态圈，为客户享受更好的ETF产品和服务而不懈奋斗，为中国ETF市场的长期高质量发展持续贡献力量！

华夏基金　李一梅
2024年10月于北京

目录

引言　用简单应对复杂：ETF 的魅力 / 1
　　构建合理的资产配置 / 5
　　像机构投资者一样思考 / 9
　　以简单应对复杂 / 12
　　从小白到巴菲特，好工具人人用 / 15
　　搭上 ETF 发展的快车 / 18

第一章　筑基：为什么选择 ETF / 23
　　投资市场的"五边形战士"：ETF 优势大起底 / 25
　　从小白到高手的共同选择：ETF 投资者画像 / 32
　　关于投资的永恒之问 / 35

第二章　复盘：ETF 是什么 / 39
　　认识 ETF：万千宠爱在一身 / 41
　　琳琅满目武器库：ETF 大检阅 / 49

第三章　进阶：如何投资 ETF / 101

如何看懂 ETF：用好估值这把尺 / 103

如何遴选 ETF：没有最好，只有更适合 / 117

如何购买和交易 ETF：不仅要省，而且要快 / 124

第四章　实战：怎样成长为 ETF 投资高手 / 143

如何选择适合自己的投资策略 / 145

简单好用的入门工具 / 150

拳拳到肉的进阶策略 / 171

投资利器：资产配置策略 / 195

如何巧借外力，提升投资体验 / 205

第五章　悟道：参透 ETF 背后的秘密 / 213

ETF 投资的理论基石 / 215

盈利之谜：从 ETF 盈利表现洞察 ETF 投资方式 / 222

避坑心法：ETF 投资的主要误区 / 231

总结 / 234

引言

用简单应对复杂：ETF 的魅力

进入 21 世纪的第三个十年，全球经济经历了前所未有的变化，资产价格的波动如同海浪一般起伏不定，波涛汹涌。

很多朋友可能遇到过类似的情形：想让自己的钱保值增值，但环顾周围，似乎很多资产的价值都有下跌的风险，而你却不知道如何管理风险；你在股市上搏杀，但经常疲于判断这些公司会不会"爆雷"；你审视自己过去的投资，房产、信托、股票、基金，似乎都有很多不成功的案例，你只想全部换成定期存款……

拉长一点时间看，市场总是因为凯恩斯所说的"动物精神"①，在繁荣与衰退之间来回切换，但整体看又在创新的驱动下螺旋式上升。

---

① 参见凯恩斯于 1936 年所著的《就业、利息和货币通论》。凯恩斯以"动物精神"形容人们做出决策时的一系列非理性因素，它是导致宏观经济波动的一个重要原因。

大家参与投资的时间有早有晚，但总的来说，大部分人可能只参与了经济"螺旋"或长或短的片段。这可能是过去几年中，不少人曾经成功的投资方法——比如不少人在住宅、商铺、小盘股、信托等领域都有过成功的经验——如今却不再有效的原因。另外，经济的"螺旋"总会上升，当产业结构变革完成之后，当经济穿越周期之后，过去的"一招鲜"还能不能让我们搭上增长的快车？

但市场上也有一些人，他们虽然同样遭遇了市场波动，却能在波动中应对自如，能够遵循一定的方法，使用专业的工具，使自己和家庭的财富整体波动不大。

当我们重新认识到，不管是在繁荣还是在波动中，投资中的不确定性才是常态，我们该如何应对日益变化、日渐复杂的市场，如何让自己的财富根基扎得更深更稳？

这正是本书想和大家谈论的主题。我们将在本书中介绍一种工具，推介一些理念。这一工具即ETF——一种风靡全球的交易型开放式指数基金，近年来市场中成长最快的投资品种之一。

一个产品如何能回答我们前面的问题？单个产品大概不能，但这种产品就像乐高积木当中的标准颗粒：单个或者少量的小积木只能实现有限的意图，大量的积木搭配不同的方法，则可以搭建成各式各样的城堡。

这正是我们想说的，以简单应对复杂。有正确的理念，就有化繁为简的方法，就像搭建乐高，有颗粒与图纸，就有结果。

那么在展开讲述ETF之前，我们先来聊一聊，在搭建财富的"乐高"城堡之前，什么是一张好的"图纸"？

构建合理的资产配置

为什么市场波动的时候,同样下跌10%,不同的投资者的感受却不一样?

举个例子,如果巴菲特买了一只股票,回撤了20%,而有100万元金融资产的我跟着巴菲特买了同一只股票,也亏损20%。在同样的市场波动下,很可能对应着巴菲特买了50亿元亏损了10亿元,我买了50万元亏损了10万元。

这种情形对巴菲特而言可能只是微不足道的一件事,而对我来说则意味着一年的回报归零了。因为在巴菲特数万亿元的组合中,10亿元只是极其微小的一部分,巴菲特可能持有数百个品种,这些涨跌不一的品种最终可能带来回报。而10万元对我来说则占据了自身金融资产的较大比例,当它消失时,我的整个金融资产都会受到很大的影响。

这只是一个简单的比较,实际情况要更复杂一些。但显然我们能看出,不断分散的组合、资产配置在这中间起着重要的作用。

我们要提到的家庭资产配置就是这样一种思路的扩展。它对个人投资者来说非常重要,它是指根据家庭成员的收入、年龄、风险偏好、生活目标等因素,将家庭资产分配到不同类型的投资产品中,以实现财富的保值、增值和风险控制的过程。

这里的"家庭"是广义上的,从家庭意义上看,需要考虑到家庭成员的生老病死,包括教育、医疗、日常消费等,即使是一个人，这些约束条件同样成立。

在家庭资产配置上，并不存在可以直接照搬的方案。每一个人面临的"约束"是不一样的，比如我们的收入在不断变化，我们不会像巴菲特一样有钱，又比如我们不会永远年轻，还比如家庭结构也在随着时间而改变。

与此同时，外部的限制，比如经济环境的变化、市场结构的变迁、投资品种的丰富程度，也在制约着投资者选择的能力。

另外，不同的人对"效用"的信念也是不一样的，这很大程度上体现在其对价值的优先级排序并不相同。比如，有人认为更多闲暇优先级更高，有人认为更多财富优先级更高，有人认为稳定是最重要的，而这样的认知也在不断地发生变化。因此，在进行家庭资产配置时，不同的人会得到不同的答案。

但在以下两个层面上，有一些经验仍然有指导意义和参考价值。

第一是你的资产负债里都有什么，它是不是均衡的。

在很多新闻里，这被称为"居民资产负债表"。也就是说，你的"身家"是由什么构成的。

对大部分人来说，房产一直在资产中占比较高，而金融资产的占比较低。"住着1000万元的房，干着1万元月薪的工作"，这种情况在一段时期内较为普遍。

比如央行2019年的一次针对城镇居民家庭开支的调查显示[①]，

[①] 该调查于2019年10月中下旬在全国30个省（自治区、直辖市）对3万余户城镇居民家庭开展，结果于2020年刊发于《中国金融》第9期。

我国城镇居民家庭资产负债率的均值为9.1%，低于美国的12.1%。而在资产中，59.1%的占比是住房（这比美国高出28.5%）。

从这个角度看，房价波动对个人的影响是最大的。

第二是你可以用来投资的钱，都买了什么。

这也被称为"金融资产配置"。如果简化来看，人们很容易理解其中的原理，即你持有的投资品种越多，它们相互之间的关系越少，整体表现就越稳定。

比如，一般而言，持有一篮子股票要比持有1只股票更稳定，持有一篮子股票和债券，又比持有一篮子股票更稳定。

但如果从长线指导家庭资产配置的角度看，我们需要纳入更多的投资品种，这些品种能实现更多的功能。

在这方面，"标准普尔家庭资产配置图"是应用广泛的一个指导原则。这个原则是标准普尔提出来的[①]，即将家庭资产分成四个账户，按照资金的重要和紧急程度进行分类（见表0-1）。

表0-1 家庭资产账户

现金消费账户	金融杠杆账户
"要花的钱"	"保命的钱"
占比：10%	占比：20%
核心：3~6个月的生活费	核心：应对重大风险，以小搏大
可用工具：现金、活期存款、货币基金、中短债基金等	可用工具：意外险、寿险、健康保险在内的人身险等

---

① 资料来源：Michael Kaye, The Standard And Poor's Guide To The Perfect Portfolio: 5 Steps To Allocate Your Assets And Ensure A Lifetime Of Wealth, 2007.

(续表)

风险投资账户	安全理财账户
"生钱的钱"	"保本升值的钱"
占比：30%	占比：40%
核心：高风险，高收益，不患得患失	核心：本金安全，收益稳定，持续增长
可用工具：股票、股票型基金、房产、信托、期货等	可用工具：国债、银行存款、保证收益较高的保险储蓄等

有投资者将这一规则依据其中各部分资产占比总结成"1234原则"，同时通俗地将这几部分命名为"要花的钱"（现金消费账户）、"保命的钱"（金融杠杆账户）、"生钱的钱"（风险投资账户）、"保本升值的钱"（安全理财账户）。

我们不能说各部分资产的精确占比适用于每一个人，但大体的原则是适用的。

目前的情况是，从实际情况看，大部分人的金融资产分布可能离这个比例比较远。

央行的统计显示，城镇居民持有的现金及活期存款在金融资产中占比16.7%，定期存款占比22.4%，银行理财和信托等占比26.6%，公积金占比8.3%，股票占比6.4%，基金占比3.5%。其中调查统计得到的基金占比，也与宏观数据的表现接近，比如个人投资者持有基金市值为14.56万亿元，而同期居民存款为133.12万亿元。[①]

按此计算，人们在现金消费账户（16.7%）和安全理财账户

---

① 个人投资者持有基金数据来自银河证券，居民存款数据来自中国人民银行发布的"存款性公司概览"，均为2023年6月末数据。

（49%）上的占比过高，而在金融杠杆账户、风险投资账户上的占比过低。

我们需要做的是搭建一个更符合我们实际需求的资产配置，其中，适当资金留作日常和应急使用，一部分资金作为未来生活和重大风险预防的保障，而大部分的资金应该用于实现稳定收益增长，以及获取相对较高的收益两部分。如果你的组合已经满足这一点，那么开局就相当好了。如果不满足，那么可能需要向这个原则靠拢。

从现实数据看，至少可以说，有两个方向的改进可能适合我们大部分人：第一是在控制财富总体波动的情况下，将更多增量资金用于提高金融资产占比，分享资本市场长期收益；第二是强化养老、保险方面的储备，将未来的潜在压力通过金融产品对冲。

像机构投资者一样思考

很多人会觉得，我不是巴菲特，我不能像他那样轻松自如地配置资产。普通人面对不断变化的金融和资本市场，应该如何进行资产配置？

在这方面，专业人士当然有更好的信息来源、更好的研究资源，有更多的时间和精力去思考投资这件事。而普通人尽管做不到像专业投资机构那样参与市场，也并不妨碍我们用与机构投资者类似的方式来思考投资和资产配置这件事。不过，这种思维上的差异，往往是导致结果差异的主要来源，因为金融市场是你最容易花钱雇到专业人士帮你操作的场所之一。

专业机构与普通人在投资这件事上的思维差异很大，最重要的可能体现在三个方面：耐心与长期视角、多元化配置、风险管理意识。

1. 耐心与长期视角

在投资中，保持耐心和采取长期视角是非常重要的，市场会经常出现波动，这些波动往往会引发投资者的情绪反应。而在市场低迷、市场狂热时头脑冷静，仍然能够保持耐心，记得自己的资产配置目标，从长期的视角审视自己的组合，这对于大多数人来说的确不容易。

实际上，对很多人来说，前文提到的四个资产配置账户的配置比例是剧烈波动的。在股市体现出赚钱效应的末期，很多人的风险投资账户占比大幅提升，买了大量可能自己并未清楚理解的产品，而在市场衰退的阶段，则大比例地转向存款、现金及货币基金、纯债等产品。

机构投资者也会根据市场情况进行调整，但这种调整一定是基于长期视角的，控制在一定范围内的"超配"或"低配"。

对很多人来说，做到保持耐心和采取长期视角，管理好自己的财富这件事就有了一个完美的开局。

2. 多元化配置

多元化配置涉及将资金分散到不同的类别、行业、地区，以降低风险并提高潜在回报。多元化有助于减少单一投资表现不佳对整个投资组合的影响，最小化市场波动性，并在不同市场周期中捕捉增长机会。

但对我们个人来说，在实现多元化配置时会面临一些困难，原因是多方面的。除了前面提到的情绪影响，有时候是专业知识的不足，限制了大多数人对资产类别的理解；有时候是出于误解，例如认为持有许多不同投资产品就是资产配置，而实际上有效的资产配置要投资于低相关性的资产。

资产配置是按照用途或者风险分配主要的投资类别，如在股票、债券、保险、现金和其他类型中分配资金，其中一些投资比其他投资风险更大，且每部分的作用可能并不相同。我们前面提到的"1234原则"也是一种资产配置策略。

从某一类资产的层面来讨论，多元化意味着分散。如果你要投资股票，你可能需要投资多种不同风格或主题的股票，比如大盘股与小盘股、成长股与价值股、境内股票与境外股票等。投资债券则意味着不同的债券，比如利率债与信用债等。

有些时候，个人投资者没有考虑到多元化是因为缺乏对参与工具的理解，比如认为分散的、多元化的配置并不是自己能完成的，但实际上，很多工具可以帮助投资者达成目标，ETF就是这类工具之一。

3. 风险管理意识

风险管理意识在投资中的重要性不言而喻，它是保护投资者资产安全、避免重大损失的关键因素。具备良好的风险管理意识的投资者能够识别和评估潜在的市场风险，制定相应的策略来减轻或规避这些风险，确保投资决策的稳健性。

个人投资者可能会面临信息获取的问题、专业风险管理工具的问题，甚至是时间、精力有限的问题。但更重要的可能是很多人并未意识到自己的投资组合中蕴含的风险是在不断变化的，可能从未定期或不定期地审视、评估其资产配置组合的风险。

以上三个方面，看起来似乎都有一定的门槛，但只要我们清晰地意识到这三个问题，并非没有解决之道。

我们写作本书的目的之一就是提出一些解决方法。从成本、从可理解的角度说，ETF（及基于ETF的投顾服务）是非常优秀的解决方法之一。

为什么要强调"可理解"？因为人们不可能对一个自己不理解的事情长期保持兴趣，尤其是对投资这种重要的事情来说，就像我们偶尔可能蒙着眼做游戏，但不能一直蒙着眼走路一样。

保持这三种思维，每个人都可以利用ETF和投顾极大地优化自己的投资，改进自己的资产配置组合。

以简单应对复杂

工欲善其事，必先利其器。

市场上的工具、方法、策略很多，前面提到，对个人来说，首先无疑是易于理解、门槛低、易于坚持；其次，如果我要将它推荐给所有人，那它需要适用于不同人的不同偏好。

本书的主角——ETF（Exchange Traded Fund），全称为"交易型开放式指数证券投资基金"，简称"交易型开放式指数基金"，就是这样一种工具。

它简单透明，但同时大量的 ETF 形成的网络和聚集效应以及利用 ETF 的投顾服务，又能产生出"千人千面"、按需定制的效果。

ETF 是精准好用的投资理财工具，能在很大程度上克服个人参与投资市场可能遇到的种种问题。它也是当前风靡世界的投资潮流，既受到巴菲特、约翰·博格等投资宗师的推崇，也是工薪阶层投资小白的热门选择。

无论是在美国这样的成熟市场，还是在中国这样的新兴市场，ETF 都受到了越来越多个人甚至机构投资者的推崇，目前已经是非常主流的投资方式之一。

ETF 的魅力何在？它是指数基金的一种。指数基金是以特定指数为标的，以该指数的成分股为投资对象，通过购买指数的全部或部分成分股，构建投资组合，以追踪标的指数表现的基金产品。指数基金以减少跟踪误差为目的，使投资组合的变动与标的指数相一致，以取得与标的指数大致相同的收益率。其原理简单，产品规则清晰透明。

ETF 提供了一个参与不同市场、不同资产类别、不同主题和行业的方便快捷且成本低，又天然分散个股风险的工具。

比如利用 ETF 可以参与 A 股，也可以参与港股，还可以参与美股，甚至日本、越南、印度、欧洲等多个市场，也可以参与黄金等大宗商品，还可以参与利率债、政金债等固收品种。

与此同时，这样简单的产品又能以乐高的搭建方式，匹配大部分投资者需求。目前境内市场上已有近千只ETF，这些产品组合起来，能够很方便地搭建出不同风险收益特征、不同资产多元化程度的组合。

对经验丰富的个人投资者来说，甚至可以使用ETF完成前文提到的"1234原则"金融资产配置组合中除保险的全部配置，比如使用货币ETF管理现金，用利率债或者构建一个多资产风险评价ETF组合当作"安全理财账户"，用"核心＋卫星"策略构建一个攻守兼备的"风险投资账户"。这当中的多数方法我们都会在后文中予以介绍。

因为ETF产品风格定位明确、底层资产足够分散、并不集中于单只股票，投资者在进行资产配置的时候，可以较少考虑个股投资的微观逻辑，避免进行过度劳心劳力的研究、盯盘和频繁操作，而将主要精力放在宏观、中观逻辑的研判上。

根据美国市场的调查结果，72%的受访者表示，正在运用ETF进行战略性资产配置，也就是说，发挥ETF产品的优势，对个人资产配置进行整体规划和安排。而利用ETF进行战术性资产配置的受访者比例，也达到了35%。[1]

---

[1] 资料来源：ETF市场数据服务供应商Trackinsight发布的全球ETF投资者调查（2023）。

从小白到巴菲特，好工具人人用

基金通常可分为开放式基金和封闭式基金。开放式基金是指基金份额总额不固定，基金份额可以在基金合同约定的时间和场所申购或者赎回的基金；封闭式基金是指基金份额总额在基金合同期限内固定不变，基金份额持有人不得申请赎回的基金。这是基金两种基本的运作方式。

ETF属于开放式指数基金。包括ETF在内的指数基金，其风格稳定、分散风险、门槛低、运作透明、成本低廉等特点，使得它成为目前市场上从小白到资深投资大师都爱使用的投资工具。

对小白用户来说，ETF是一种人人都可以使用的普惠工具。之所以说人人都可以使用，一方面，除了前面提到的简单透明、易于理解，还有赖于这类产品的使用门槛低，在二级市场上，ETF的交易单位小，不需要大量资金就能开始投资，同时不管在场内还是在场外（ETF联接基金），操作都非常简单；其成本也非常低廉，ETF通常具有较低的管理费用，这使得长期投资的成本更低。

另一方面，也是更重要的一方面，普惠还意味着，ETF变崎岖为坦途，变不能为可能，基金行业通过开发特定领域或资产类的ETF，大幅拓展了普通人多元化配置的范围。

举个简单的例子，黄金投资因为ETF这一工具的出现，相较于之前的实物黄金、纸黄金等，不管是便利性还是效率都有大幅提升；而投资者如果要参与商品市场投资，以前一般要去门槛高、杠杆高的期货市场，但ETF的出现使得投资者配置商品变得轻松。

此外，ETF也为投资海外市场提供了非常方便的工具，一些小众的市场，有可能是投资者从未亲身到访的市场，都可以通过ETF来进行配置。因此一些专业人士说："利用ETF，个人投资者能在所有资产类别中构建复杂的全球战略配置，而这种方式之前只有养老基金等大型机构投资者才能做到。"[1]

从实际情况看，个人投资者在ETF持有者当中的占比也很高。按照深交所的统计，2023年末，从ETF持有规模来看，个人投资者持有ETF规模合计为10 605.26亿元，占比50.87%，较2022年底提升1.48%。从产品类别看，商品型、跨境股票型、境内股票型、货币型和债券型ETF的个人投资者持有规模占比依次递减，分别为73.83%、62.75%、54.42%、22.82%和6.37%。[2]

即使是那些以自己主动管理出名的大师级投资者，也非常认可指数基金的价值。巴菲特就非常认可并推荐指数基金作为投资理财工具的价值。

虽然持有过非常多的公司，但巴菲特在公开场合的言论一向非

---

[1] 资料来源：史蒂文·A. 斯科恩菲尔德（Steven A. Schoenfeld），指数公司 BlueStar Global Investors, LLC 创始人兼首席投资官。上述言论见2015年CFA协会出版物《交易所交易基金（ETF）综合指南》序言。

[2] 资料来源：深交所2024年5月发布的《ETF投资交易白皮书》，由深交所基金管理部与华夏基金等公司编撰，其中数据均截至2023年12月底，且均穿透ETF联接基金计算。

常谨慎，他极少在股东大会以外的场合提到个股或者某种投资工具。不过，指数基金成了例外，它是巴菲特在公开场合反复大力推荐的唯一一种投资理财工具。巴菲特曾设立过一个著名的"十年赌约"，力挺指数基金。2007年，巴菲特在网上向整个华尔街提出挑战——从2008年1月1日到2017年12月31日，十年为期，任何一名职业投资人的对冲基金表现，都不会超过标普500指数的表现，赌注为100万美元。

赌约引起了轩然大波，最后，职业投资人泰德·西德斯接受挑战，他选择了5只主动管理的对冲基金组合，而巴菲特选择了费用低的先锋标准普尔500指数基金（Vanguard S&P 500 Index Fund，此基金可选ETF等多类份额）。

结果，在十年时间内，巴菲特选择的标准普尔500指数基金累计涨幅达到125.8%，而泰德的5只基金组合中，表现最好的累计涨幅不过87.7%，表现最差的甚至遭到了清盘。最后，巴菲特和他推崇的指数基金投资方式大获全胜。①

其实这不是巴菲特第一次推荐指数基金。1993年开始，巴菲特开始通过致股东的信、电视采访等屡次推荐指数基金。

"通过定期投资指数基金，一个什么都不懂的业余投资者，竟然能够战胜大部分专业投资者。

---

① 资料来源：关于巴菲特赌约的详情可见 Long Bets 网站（https://longbets.org/user/buffett/）以及伯克希尔-哈撒韦公司2016年致股东的信（https://www.berkshirehathaway.com/letters/2016ltr.pdf）。

"个人投资者的最佳选择，就是购买一只低成本的指数基金，并且坚持在一段时间内持续定期买入。

"（如果 30 岁攒下了第一个 100 万元）自己会把所有的钱，都投资到一只低成本的、跟踪标准普尔 500 指数的指数基金之上，然后继续努力工作。"

不同国家的市场有不同特征，但是巴菲特推崇指数基金的理由对普通的个人投资者来说非常友好：不需要时间、精力研究个股，没有专业门槛；很多时候能够获得优于专业投资者的市场表现，能够跑赢很多主动管理的基金组合和个股；成本低廉。这些好处，哪怕是在不同的市场环境下，也是成立的。

搭上 ETF 发展的快车

与一般指数基金相比，ETF 可以在二级市场内交易，更加灵活便捷，近年来已经成为境内发展最快的投资理财工具之一。

有多快呢？从产品规模的增长趋势来看，ETF 在境内市场跑出了一个非常漂亮的加速曲线。2004—2020 年，境内 ETF 市场规模从零起步，到突破 1 万亿元大关，用了 16 年。仅 3 年之后，境内 ETF 市场就实现了从 1 万亿元到 2 万亿元的突破。截至 2023 年末，境内交易所挂牌上市的 ETF 产品已经达到了 889 只，总规模达到 2.05 万亿元。①

---

① 资料来源：此处及下文数据均来自《上海证券交易所 ETF 行业发展报告（2024）》。

其中与股票市场指数相关联的权益类ETF，总规模达到1.73万亿元。特别值得一提的是，2023年的A股市场表现相对低迷，而ETF产品的吸引力不降反升，显示了这种投资理财工具的多元投资策略和资产配置优势。

不过，虽说境内ETF市场发展势头非常迅猛，但对比成熟市场，仍然有很大的潜力。2023年末，全球挂牌交易的ETF资产总规模达到11.61万亿美元，近20年规模年均复合增长率达到了22.16%，产品数量也是连续20年保持正增长。其中，仅美国一个市场，ETF资产的规模就已经达到8.11万亿美元，其中权益类ETF规模达到6.4万亿美元。

各个市场比较来看，2023年底，美国权益类ETF规模占股票市场总市值的比例达到13%，日本的占比也达到7.9%，而境内目前占比仅2%，未来的发展空间仍然非常广阔。

ETF产品的蓬勃发展，充分反映出这类投资理财产品的独特优势已经得到越来越多的认可，既包括机构投资者，也包括个人投资者。

对机构投资者来说，ETF是一种风格稳定、风险分散、成本低廉的资产配置工具，因此，国资机构、保险资金、银行理财资金、境外资金和社保基金对ETF产品的青睐与日俱增。从海外经验来看，追求长期稳健增值的养老金，是推动ETF规模持续增长的重要力量。

对个人投资者来说，ETF更是优势独特而全面，包括投资门槛低、操作简单、运作透明、成本低廉、资金使用效率高等。

未来随着ETF市场继续深入发展，其资产类别、主题、策略等都将不断丰富，为投资者提供更加多元、趁手的工具箱。

以上所言只是一个引子，本书将详细介绍ETF这种极富魅力的投资理财工具，帮你分析清楚ETF是什么，以及为什么说ETF适合个人投资者，同时和你一起研究如何更好地运用ETF这种工具，让投资给你带来更多获得感，让人生更加美好。

具体来说，本书第一章是筑基阶段，我们将一起深入探讨，为什么要选择ETF这种投资产品，详细剖析它的种种优势，看一看什么样的投资者适合选择ETF，进而解决投资领域的永恒之问——你到底应该投资主动型产品，还是应该投资被动型产品？到底应该投资指数，还是应该投资个股？

我们从第二章开始复盘。先给指数基金和ETF画个像，了解它们的交易方式，回顾它们的发展历程，再对主要的ETF产品类型来一个全面检阅。这就好像是在出征之前，检查一下武器库，看看到底有哪些ETF武器可以供我们在投资实战中灵活选用。

在第三章，我们会进入ETF投资的进阶部分。先研究估值工具，解决如何看懂ETF产品的问题；再来一起探寻，在众多ETF中遴选出合适产品的"内功心法"；最后掌握完成ETF买卖和交易的有效手段。

第四章是既好玩又有用的实战部分，是成长为ETF投资高手的关键环节。在这个部分，我们将一起掌握入门工具，学习高级策略，活用投资利器，同时掌握巧用外力如虎添翼的实用打法。

最后一章，也就是第五章，我们回过头来进行领悟和升华，一起探寻ETF投资背后的底层奥秘，洞悉市场与人心，掌握帮助自己心如止水立于不败之地的心理建设打法，同时避免可能出现的那些坑坑洼洼，让自己的ETF投资之路更加平坦顺畅。

现在，让我们陪伴你一起踏上这段奇妙的ETF之旅吧。

第一章

筑基：为什么选择 ETF

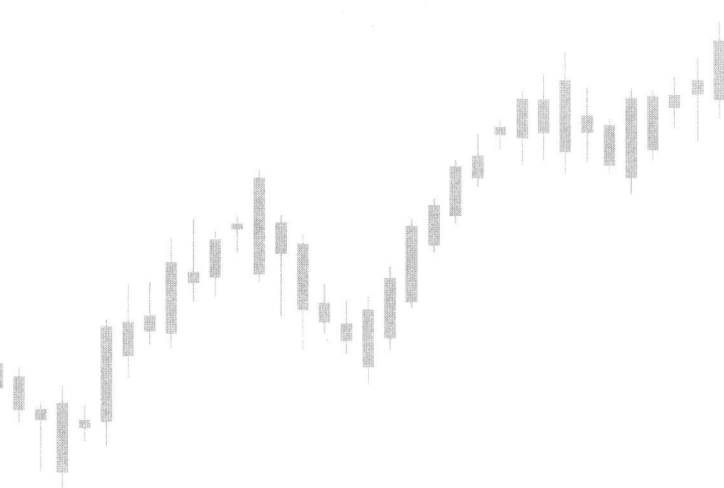

投资市场的"五边形战士"：ETF 优势大起底

> **小贴士**
>
> **ETF 的优势**
>
> 一是充分分散风险。
>
> 二是成本费用低廉。
>
> 三是信息公开透明。
>
> 四是参与简单便捷。
>
> 五是资金使用高效。

前面我们提到，ETF，也就是"交易型开放式指数基金"，是目前较为适合个人投资者进行投资理财和资产配置的工具，引领了当下全球的投资潮流，也是从投资小白到巴菲特等专业投资者的共同选择，堪称投资市场的"五边形战士"。

下面我们来——细说，ETF 的优势到底在何处。换言之，市场上有这么多投资工具，为什么要选择 ETF 呢？

充分分散风险

投资是时间与风险的游戏。任何投资理财活动，都必须充分考虑风险，必须把本金和收益的损失风险控制在我们可以承受的范围内，否则，投资就会偏离其原本的目的。

ETF 作为一种投资理财产品，最大的优势之一就是紧跟指数表现，发挥证券投资优势的同时有效控制风险，并充分分散风险。

它是怎么做到的呢？

投资 ETF，相当于投资 ETF 所跟踪的指数，而指数的背后，是一个有价证券组合，比如投资一个股票组合天然比投资单只股票更有利于分散风险。以境内第一只 ETF 产品为例，2004 年华夏基金发行了华夏上证 50ETF，这只产品今天仍然非常热门。它跟踪的指数是上证 50 指数，该指数选取上交所上市股票中规模大、流动性好的 50 只代表性股票。投资这只产品，就相当于投资了一个由这 50 只股票构成的组合，截至 2023 年 12 月 31 日，此 ETF 主要投资了包括贵州茅台、中国平安、招商银行、长江电力、兴业银行、中信证券等（此处不作为个股推荐）。

如果指数内某一只股票出现问题，它对于股票组合整体的风险冲击也可能会被其他股票的表现有效稀释或对冲。相比直接投资该股票，投资指数的风险相对较小。

所以，ETF 这种产品天生就具有分散风险、稀释风险、控制风险的基因。它可以有效减少个股出现问题可能带来的损失，也可以对冲不同行业在经济周期高峰低谷的影响。

成本费用低廉

任何投资理财，都必须考虑成本费用，包括付给机构的交易费用、持有费用，以及可能产生的税费等，因为成本费用会影响收益。

虽然成本费用相比产品本身的涨跌只是较小的支出，但如果在短期内频繁操作，仍是一笔不小的负担，甚至很有可能会"吃掉"我们来之不易的收益，增加不必要的投资成本。但是如果能找到一种成本费用低廉的产品，就能有效摊薄投资成本，同时可以提高获取收益的可能。

ETF恰恰就是这样一种具有成本费用优势的投资理财产品。以基金持有阶段的管理费和托管费为例，在2023年7月证监会发布对主动权益型基金实施降费措施后，该类产品的管理费率加托管费率从1.5%~2.0%这一区间下降到约1.4%的水平，但ETF的费率早已低于这一水平。还是以华夏上证50ETF为例，它的管理费率是0.5%，托管费率是0.1%，相比主动型基金产品，具有更明显的低成本费用优势。[①]

同时，ETF可以像股票一样在二级市场直接交易，交易费用不

---

① 资料来源：华夏上证50ETF交易佣金、管理费率和托管费率参考产品招募说明书。

高于股票交易的水平，并且不需要缴纳印花税。因此，ETF 具有成本低廉的特性。

信息公开透明

ETF 是一种规则清晰、简单明了的投资理财工具，相比一般的主动型基金产品和个股，它的信息公开透明，投资者及时准确获得信息的成本相对较低，不用花费很多的时间精力去分辨和筛选庞杂繁复的信息，能够提升判断和决策的效率。

为什么 ETF 会有这样的优势？这主要是因为 ETF 所跟踪的指数本身就具有规则清晰明了、信息公开透明的特点。

无论是境内市场的中证系列指数、上证系列指数、深证系列指数和国证系列指数，还是美国市场的道琼斯系列指数、标准普尔系列指数、纳斯达克系列指数，都是由相对中立的权威机构编制，指数编制规则、成分股构成和需要调整的情况向全市场公开发布，哪怕是投资小白，也可以非常方便地进行查询，并且以此为标准，对照相应的 ETF 产品，看它们是否按照指数的成分股构建组合，是否准确跟踪了指数表现，是否有效控制了跟踪误差。

还是以华夏上证 50ETF 这只境内市场的元老级 ETF 产品为例，我们接下来看看 ETF 产品在信息方面的优势。

这只 ETF 所跟踪的上证 50 指数，是上海证券交易所编制发布的上证系列指数之一。该指数以上证 180 指数样本为样本空间，挑选上海证券市场规模大、流动性好的最具代表性的 50 只证券作为样本，综合反映上海证券市场最具市场影响力的一批龙头企业的整体表现。指数以 2003 年 12 月 31 日为基准日，以 1000 点为基点。在选样时，根据过去一年的日均总市值、日均成交金额，对上证 180 指数的样本证券进行综合排名，选取排名前 50 位。指数样本每半年定期调整一次，每次调整比例一般不超过 10%。这些信息，包括指数的历史走势、当前表现、成分股名单和权重等，我们都可以随时在上交所网站和各投资网站、App（手机应用软件）上进行查询。

说完了指数，我们再看看这只 ETF 产品。上证 50ETF 采取完全复制法，也就是完全按照上证 50 指数的成分股构成和权重，构建基金的股票投资组合，根据指数成分股和权重的变动进行相应调整。同时，ETF 的运作透明度也很高，每个交易日，ETF 都会公布申购赎回清单。在清单里，我们不仅可以查询到上一交易日的成分股名称、股票数量，还可以查询到基金份额净值等其他相关内容。简而言之，ETF 的一举一动，都在我们的眼皮子底下。

但是，如果我们买的是主动型基金产品，想要准确完整地获取信息就没有那么及时了。例如在一般情况下，主动型基金只会在季末、半年末、年末时点过去之后公布上一时间段内前十大重仓股或全部持仓情况，这就意味着我们只能了解到关于基金持仓的部分、固定时点信息，而非全部、动态以及即时信息。如果我们关注的基金持股较为分散，而且变动非常频繁，这种静态、时效相对滞后的十大重仓股信息的参考价值也就大打折扣。

投资个股也存在类似问题。作为普通投资者，我们缺乏专业机构平台的数据及投研策略支撑，无法轻易掌握企业基本面、业务前景、财务表现以及股票资金流动情况等各方面数据。加上舆论方面可能出现的虚假信息干扰,做决策的难度会进一步加大。

而投资 ETF 产品,我们所面临的干扰就相对小了很多,产品信息公开透明的优势,能够有效帮助我们做出投资决策和判断,也能节省精力、降低投资时间成本。

参与简单便捷

想了解 ETF 参与方式简单便捷的原因,首先我们要从 ETF 的交易机制说起。

ETF 实行的是一级市场、二级市场并存的交易制度。在二级市场,投资者可以在证券交易所的交易时段,使用证券账户通过证券公司委托买卖交易份额,以交易系统撮合价成交。ETF 二级市场的准入门槛相对较低,与股票没有区别,二级市场交易的本质是基金份额在不同持有人之间流通,基金份额总数并不会发生变化。也就是说,当我们选择在场内购买 ETF 时,通过已有的股票账户就能进行操作,最低 100 份起购。

ETF 的便捷性还体现在另外一个方面。由于指数是由一篮子股票、债券或者其他金融工具组合而成,因此我们可以直接通过 ETF 产品,便利、低成本地开展跨市场跨品种甚至跨境的资产配置,以便更好地分散我们投资组合的风险,这就在一定程度上减少了我们做投资规划时花费在了解不同市场、寻找金融工具等方面的人力和时间成本。

资金使用高效

ETF 的资金使用高效同样是因为其可以在二级市场进行买卖，在交易时间段内都可以按照实时价格成交，不必等到交易日结束。

同时，大多数 ETF 采用的是 T+1 的交易机制，也就是说我们在交易日买入的 ETF 份额，需要等到下一个交易日才能卖出。这里需要注意的是，部分 ETF 产品，例如债券 ETF、商品 ETF、跨境 ETF 和货币 ETF 产品也支持 T+0 交易，此时我们可以在同一个交易日买入并卖出同一笔 ETF 份额。

以上就是 ETF 产品最主要的五大优势。

但它的好处还不止这些。ETF 产品，无论规模大到什么程度，自身操作的灵活性、便捷性都不会受到太大影响，因此头部 ETF 产品的规模会大很多，也具有较高的稳定性。如行业元老华夏上证50ETF，在 2024 年初的净值规模已经超过了 1000 亿元。[①]

总体上看，ETF 产品堪称投资证券市场的"五边形战士"，是非常难得的优秀品种，能够在我们构建投资组合、布局资产配置、捕捉投资机会、应对长期通胀、追求财富增值等方面提供有效帮助。

近年来，ETF 产品在政策层面也得到了充分支持，境内 ETF 市

---

① 资料来源：万得资讯。2024 年 2 月 6 日，华夏上证50ETF 规模突破 1000 亿元。

场的基础制度环境和产品布局不断优化。2024年4月，国务院印发《国务院关于加强监管防范风险推动资本市场高质量发展的若干意见》，即资本市场的第三个"国九条"。其中第七条"大力推动中长期资金入市，持续壮大长期投资力量"部分，明确指出要"建立交易型开放式指数基金（ETF）快速审批通道，推动指数化投资发展"，显示了国家战略层面对ETF的认可与支持。ETF产品的优势将更加突出，发展前景也将更加广阔。

从小白到高手的共同选择：ETF投资者画像

基于ETF明显的优势条件，它适合的投资人群也非常广泛——既适合投资小白，也适合平时没有多少时间和精力专门研究投资理财的工薪族。对具备能力、经验的专业投资人士和机构投资者来说，ETF也不失为一种有效的资产配置工具。

下面，我们来具体看看ETF产品的投资者画像。

谁在投资ETF？

根据《上海证券交易所ETF行业发展报告》和深交所《ETF市场发展白皮书》《ETF投资交易白皮书》等权威报告，以及部分专门针对投资者的调查研究，可以得到一系列与ETF产品投资者有关的重要信息，为我们展示出一幅清晰明了的投资者画像。

ETF产品的投资者，既有个人投资者，也有各类机构投资者。

从结构上看，截至2023年底，两者所持有产品的规模基本相当。个人投资者持有的ETF产品规模为10 605.26亿元，占比达到了50.87%，相比2022年底提升1.48%，略高于机构投资者。[①] 近期总体的发展趋势，是个人投资持有规模增长很快，占比持续提高。

个人投资者有何特征？

个人投资者方面，根据针对ETF个人投资者具体情况的抽样调查，经济发达地区的居民对ETF产品更加青睐。在全国各省区市中，ETF个人投资者占比最高的依次是广东、浙江、江苏、上海、山东。其中，广东常住人口占全国比例不到9%，ETF个人投资者占比则达到14.4%。浙江也有类似的情况，以不到4.6%的全国常住人口占比，覆盖了12.2%的ETF个人投资者。[②]

ETF投资者的持仓金额覆盖各个层次。其中，持仓50万元以上的人数占比在33%以上，显示了ETF产品对于高净值人群的吸引力。[③] 同时说明，人们在进行ETF投资时，具有持续投资、不断积累的特点，这也与近年来ETF备受长期投资和养老投资资金青睐的发展趋势高度吻合。

按理说，经济发达地区的高净值人群，其中有相当一部分应该

---

① 资料来源：深交所发布的《ETF投资交易白皮书（2023年）》。该数据以穿透联接基金的持有结构进行计算。
② 资料来源：《ETF投资者行为洞察报告》，数据截至2022年底。
③ 资料来源：同上。

是具有一定投资经验和投资能力的人士，甚至不乏具备足够时间精力专门进行研究和操作的专业人士。但他们中仍有很多人选择了ETF，这也从侧面说明ETF绝不只适合新手。对老手甚至专家来说，ETF产品也凭借其在分散风险、降低成本、组合透明、交易便捷等方面的突出优势，具有较强的吸引力。

不仅如此，对"高阶玩家"来说，他们还可以充分借助ETF底层资产清晰明了的优势，构建投资组合，进行大类资产配置，优化投资组合策略与风险管理，充分发挥ETF产品作为高效灵活配置手段的工具属性。

机构投资者有何特征？

机构投资者方面，以上交所2023年底的数据为例，沪市持有ETF产品的机构投资者覆盖了多种多样的类型，包括公募基金（主要是ETF联接基金）、私募信托、一般法人机构、保险公司、证券公司、境外投资者、基金专户、企业年金和社保基金等。

其中，日均持仓规模占比最高的机构，依次是公募基金、私募信托和一般法人机构。相比2022年底，大多数类别的机构投资者日均持仓规模都在上升，增幅最为明显的是保险机构和企业年金，分别达到了102%和46%。[1] 这是相当惊人的增长，背后的重要原因是此类机构投资者对ETF产品在长期投资和养老金融方面的优势

---

[1] 资料来源：《上海证券交易所ETF行业发展报告（2024）》，数据截至2023年底。

愈加认可。无论对个人还是机构来说，ETF 都成为长期资产配置的重要工具。

机构投资者其实并不缺乏专业投资理财能力，对各类工具、交易方式更是得心应手，为什么他们也会选择 ETF 产品呢？调研数据显示，机构投资者选择 ETF 的主要原因是高流动性和低交易成本。[1] 虽然不同类型的机构投资者选择 ETF 时的考量因素各不相同，公募基金和银行理财子公司更加关注 ETF 是否符合看好的投资方向，交易型私募则更加关注成交量和波动率等交易层面数据，但它们都将 ETF 的流动性、规模和费率放在了重点关注的评价指标上。

还是以沪市为例，截至 2023 年底，沪市 ETF 净申购以机构投资者为主，仅 2023 年净申购金额就达到 5120.02 亿元。[2]

机构投资者对 ETF 的青睐也从侧面展现出了 ETF 产品在分散风险、降低成本、有效利用资金等方面的优势，对于专业机构进行长期资产配置，特别是在养老资产配置方面，具有不可替代的优势。

关于投资的永恒之问

关于投资理财产品和投资策略的选择，有两个非常著名的问题，一是"投个股还是投指数"，二是"投主动还是投被动"，堪

---

[1] 资料来源：《指数基金投资金皮书：2024》，华夏基金。
[2] 资料来源：《上海证券交易所 ETF 行业发展报告（2024）》，数据截至 2023 年底。

称投资选择的"永恒之问"。对于这两个问题的研究分析，有助于我们更加深刻地理解投资理财，做出正确选择。

下面我们来逐一分析。

投个股还是投指数？

投资个股的优势在于，如果能捕捉一只优秀的股票，并且进行合理操作，就有可能获得远高于市场平均水准的超额收益。

虽然十倍股、百倍股听上去令人激动，可是正如我们之前所说，当我们自己下场，直接投资个股的时候，需要考虑、研究的事情较多。其中既包括研究宏观经济、政策环境和市场资金情况，也包括了解企业的商业模式和经营情况，同时在各类信息面前要保持定力，还要小心翼翼避开股票退市等风险。

对投资小白和上班族来说，无论是对时间精力的投入要求，还是对专业能力和经验的要求，都是不容易达到的。即便是实战经验丰富、能力素质过硬的专业高手，也并不一定能在个股投资中赚到真金白银。毕竟，个股投资"七亏二平一赚"是常态，绩优股凤毛麟角。

相比之下，投资指数，也就是投资指数所涵盖的一篮子股票组合，追求的是平均收益，看上去似乎没有捕捉百倍大牛股那么跌宕起伏、激动人心，但对投资者来说，投资指数可以充分分散风险、简单明了地获取信息、尽量减少各种人为干扰因素，能够让我们这些业余投资者在做好主业之余配置一部分富余资金，追求投资理财的获得感，同时非常适合出于教育、养老等长远规划目的的资金配置需求，从而体验到长期主义下复利的魅力。

投主动还是投被动？

和前面一个问题类似，这两个选项同样各有利弊。

主动投资和被动投资的本质区别在于基金经理是否主动挑选投资标的建立投资组合。在市场震荡期，跟踪指数的被动投资反应速度会略逊于主动投资，再加上成本费用低廉、信息公开透明、受基金经理个人因素影响较小、克服各种干扰的能力较强、便于严格执行投资纪律、资金使用效率更高等优势，被动投资对普通投资者也更加友好。

到底选主动投资还是被动投资，其实是一个因人而异的事情，答案没有一定之规，投资者要根据自己的情况进行判断。对于投资小白，或是追求市场平均投资回报的投资者来说，ETF 这类被动投资的优势更加明显。相反，如果是具有一定专业基础，有时间有精力也有能力对具体投资品种或是基金经理进行比较判断的人士，主动投资是一种可行的选择。当然，也可以将两者按照自身情况分比例配置，以起到分散风险的作用。

需要注意的是，一个投资市场越成熟、越有效，投资者通过主动操作抓住超额获利机会的可能性就越小，被动投资相比主动投资的优势就越明显。从境外市场经验来看，美国以 ETF 为代表的被动投资蓬勃发展始于 2008 年。市场寻求能实现风险对冲的金融工具，居民资产配置和财富管理需求愈加强烈，同时随着市场有效性提升，获取超额收益的难度加大，被动投资理念兴起，加之养老金入市计划扩大市场规模，多重内外部因素共振，使得美国 ETF 市场实现跨越式发展。当下中国财富管理行业也正经历着类似的转折：刚性兑付的泡沫释放，无风险利率大幅度下降，主动管理的超额收益变少，居民资产配置需求提升，个人养老金制度起步，被动投资方兴未艾，迎来发展机遇期。

特别是最近几年，政策支持和监管环境改善、市场波动激发避险需求、市场成熟度提高、ETF 投资者教育普及、国际投资者陆续加入、技术进步促进交易便利、产品创新和多样化持续，这些因素共同促使中国 ETF 市场迎来爆发式增长。

其实指数投资并不是完全被动的，相反，指数投资其实更考验主动投资能力。ETF 产品创设过程中融合了许多主动的决策，包含但不限于指数的选择、编制、优化和策略开发。通过 ETF 可以把蕴含在主动管理之中的"超额收益能力"以更加透明、简单易懂的方式呈现在投资者眼前。这种主动能力的赋能，是 ETF 多元化发展的助力，也有利于解决 ETF 同质化难题。例如，可以根据经济发展的趋势来选择更有利于分享发展成果的指数品种，主动使用投研服务，优化资产配置，改进交易策略。这也就实现了所谓的"被动投资主动化"，发挥了被动投资和主动投资两个方面的长处，将 ETF 产品从精准好用的投资工具升级为资产配置的优良利器。

第二章

复盘：ETF 是什么

认识ETF：万千宠爱在一身

在前文中，我们对于ETF产品的特点和优势已经有了一定了解，接下来，我们来认认真真研究一下这种既适合投资小白，又适合高手和专业机构的投资理财产品，了解它的内涵，重温它一路走来赢得全球青睐的发展历程。

什么是指数？

ETF是指数基金的一种，要深刻理解它是什么，就必须先搞清楚什么是指数，再弄清楚什么是指数基金。

指数是一个统计学概念。对于一个由很多成分构成的复杂系统来说，不同成分的表现不能直接相加，但如果按照一定的统计规则加总，不同时间、不同空间的系统表现就可以拿来对比了。这种反映复杂系统变动情况的相对数，就叫作指数。

举例来说，如果市场上只有鸡肉一种商品，去年鸡肉10元一斤，今年鸡肉20元一斤，市场的物价变化情况是可以直接计算的，即上涨了100%。但如果商品变成了鸡肉、牛肉两种，鸡肉每斤从

10元变成20元，牛肉每斤从20元变成10元，能说市场物价水平从去年到今年没有变化吗？显然，这么直接计算就不行了，需要运用指数的方法。

我们先确定指数的编制规则，将鸡肉和牛肉两种商品作为样本，以销售量作为权重。经调查，市场上鸡肉、牛肉的销售量之比是2∶3。这样很容易算出，去年我们采购2斤鸡肉和3斤牛肉的总价为80元，今年我们采购同样数量的鸡肉与牛肉却仅需花费70元。通过公式（70－80）/80＝－12.5%，我们可以清楚地看到，今年的市场总体物价水平下降了12.5%。

这就是指数的最大意义——让复杂系统在不同时空之间的表现可以进行比较。

股票市场也是这样一个复杂系统。我们要看贵州茅台的股价是涨是跌，那很容易，对比一下不同时间点的股价就可以。但如果我们要判断整个沪市A股的涨跌情况呢？显然，将沪市数千只股票的价格直接相加，再拿这个相加的结果进行比较，是不太科学的。

上证指数的出现，就是为了解决这个问题。它的全称是"上海证券交易所股票价格综合指数"，是将在上海证券交易所上市的全部股票和红筹企业发行的存托凭证（ST、*ST股票除外）作为样本，以样本总市值作为权重，加权计算得出结果。上证指数的基准日是1990年12月19日，基点定为100点。2023年最后一个交易日，上证指数是2974.93点，[①] 相比基准日，增长了28倍多。值得

---

① 资料来源：中证指数官网，2023年最后一个交易日为2023年12月29日。

注意的是,这个算法不包括分红的因素。

此外,我们熟悉的道琼斯指数、标普 500 指数、纳斯达克综合指数,都是美国市场的股票指数。它们不仅被用来衡量美国股市的表现,也常被当成美国乃至全球经济的晴雨表。恒生指数则是中国香港市场的代表性指数。

对 A 股市场而言,目前具有官方权威性质的指数,主要由中证指数有限公司和深圳证券信息有限公司两家公司发布。其中,中证指数公司由上交所、深交所共同出资设立,主要发布中证系列指数和上证系列指数,也有深证系列指数。中证系列指数样本空间范围跨度较大,上证系列指数则选取沪市股票作为样本。前面介绍的上证指数,就属于上证系列指数。

深圳证券信息有限公司是深交所的下属企业,主要发布国证系列指数和深证系列指数。前者类似于中证系列,样本空间范围较广;后者则聚焦深市股票。

不同股票指数之间,除了样本范围不同,在权重设置等规则方面也存在不小差异。后面我们在介绍不同产品的时候,在此方面会有进一步的介绍。

什么是指数基金,什么是 ETF?

搞清楚指数的概念之后,我们再来看指数基金和 ETF,理解就会更透彻一些。

所谓指数基金,就是以特定指数作为标的,如上证指数、沪深

300 指数、标准普尔 500 指数等，以指数选取的样本股（又称成分股）作为投资对象的基金产品，通过购买该指数的全部或者部分成分股，形成投资组合。指数基金的运作目的，是跟踪标的指数或业绩基准表现，并尽可能减少跟踪误差，以期获得与标的指数大体相同的收益水平。

那什么是 ETF 呢？这三个英文字母，是"Exchange Traded Fund"的缩写。前面我们已经介绍过 ETF 的定义，作为一种基金产品，它的全称是"交易型开放式指数证券投资基金"，简称"交易型开放式指数基金"或"交易所交易基金"。它是在交易所上市交易的开放式指数基金，兼具股票、开放式指数基金和封闭式指数基金的优势和特点，既可以在场内交易，也可以在场外交易。

在本书的开始就曾提到，指数基金具有投资风险分散、信息透明度高、费率成本低、不受人为主观因素影响等特点，已逐渐成为资产配置的重要工具。在所有的指数基金中，ETF 是发展较快、较有活力的一个品种。它的优势至少可以概括为五个方面：充分分散风险、成本费用低廉、信息公开透明、参与简单便捷、资金使用高效。其中，有的优势别的指数基金也有，有的则是 ETF 独有的，或是 ETF 更加突出的优势。比如说，ETF 在成本费用方面的优势，比一般指数基金更加突出；ETF 可以在场内、场外操作，相比一般只能在场外交易的开放式指数基金，对资金资源的运用更加充分；此外，ETF 的操作策略较为灵活，交易策略较为丰富，也可以用于优化资产配置。

所以，ETF 可以是小白的选择，也可以是高手的选择，还可以是专业机构的选择，堪称投资理财市场的"五边形战士"。

ETF 的发展史

虽然 ETF 有着那么多优势，在投资理财市场不可多得，但它的历史并不长，甚至连指数基金这个大类的历史也只有短短的几十年。

不过，股票指数的历史非常悠久。早在 1884 年，世界上第一个股票指数——道琼斯指数就已经诞生了。1923 年，标准统计公司开始编制股票指数，这就是标准普尔 500 指数的前身。直到 20 世纪 70 年代中期，指数基金作为一种投资理财产品，才正式在市场上出现。这离不开一位重要人物，也就是被誉为"指数基金之父"的约翰·博格（John Bogle）。

约翰·博格出生于 1929 年，毕业于普林斯顿大学。1951 年，他在毕业论文《投资公司的经济作用》中就曾提出一系列重要观点，包括共同基金的市场表现很难超过市场平均水平、投资收益可以通过降低销售费用和管理费用实现最大化等。在当时，这些观点可以说是离经叛道，因为华尔街所信奉的，是依靠天才操盘手赚取超额利润，而基金产品的认购/申购费率甚至会高达 5%。

1975 年，已经在华尔街摸爬滚打多年，积累了相当丰富的经验的博格，创立了先锋领航集团（The Vanguard Group），并推出了全球第一只面向个人投资者的指数基金——第一指数投资信托（First Index Investment Trust），也就是赫赫有名的先锋 500 指数基金的前身。先锋500指数基金跟踪标准普尔500指数（简称标普500）走势，坚持被动投资，以获取市场平均收益为目标，充分体现了博格的投资理念。

不过，虽然这只基金的成本费用很有竞争优势，但由于它和当时市场流行的主动投资理念格格不入——所有人都想打败市场，博格很难说服投资者，加上指数基金费率太低，无法为销售渠道提供高额分成，对渠道商也没有什么吸引力，导致它在发行初期业绩非常惨淡。基金募资目标是1.5亿美元，但成立3个月后，只募集到了1000多万美元。随后几年，基金的表现不佳，排在同类基金的75%之后，规模也一直停滞不前。

不过，博格没有放弃，而是继续坚持，终于，转机出现了。20世纪70年代末80年代初，美国政府对养老体系进行改革，推出著名的401（k）计划，大量长期资金进入股市。加上美联储降息等因素，美股迎来了长达18年的大牛市。在这种情况下，指数基金善于捕"牛"的优势得到充分体现，加上低成本费用的优势不断积累，博格这只基金的规模得以不断扩大。1982年，它的规模突破1亿美元；1988年，达到10亿美元；1996年，达到100亿美元。到2023年底，它的规模已经超过8000亿美元,[①]成为全世界管理资产规模最大的基金之一。与此同时，先锋领航公司和其他基金公司发行的指数基金越来越多，这种坚持被动投资理念、追求市场平均收益的产品，已成为无数投资者认可的主流投资理财工具。

---

① 资料来源：万得资讯。

作为指数基金中有活力、发展快的品种,ETF 的出现要更晚一些。1987 年 10 月 19 日,道琼斯指数重挫 508 点,单日跌幅达到 22.6%,刷新有史以来单日跌幅纪录,史称"黑色星期一"。[①] 市场上迫切需要一种直接对冲股票组合风险的交易机制。之后,美国证券交易委员会(SEC)开始公开邀请投资行业创造新产品,以强化买卖一篮子股票的做市商机制。1993 年,道富集团正式发行全球首只 ETF 产品——标准普尔存托凭证(SPDR)。和先锋 500 指数基金一样,这只 ETF 产品追踪的也是标普 500 指数,它的出现,不仅吸引了众多希望以更加便捷的方式交易指数基金的个人投资者,也吸引了很多专业投资者和大型机构,他们将 ETF 视为一种低成本、证券化的指数资产交易方式。如澳大利亚的养老基金,就成了这只 ETF 发行之初的重要投资者之一。到 2023 年底,这只产品的规模接近 5000 亿美元,是全球管理资产规模最大的 ETF 产品。[②]

ETF 问世之后,其"五边形战士"的强大优势很快赢得了市场青睐和投资者追捧,成为集万千宠爱于一身的热门投资产品。1993—2009 年,全球 ETF 市场用了 17 年时间,规模突破万亿美元;到第二个万亿美元,仅用了 4 年;第三个万亿美元用时 3 年;第四个万亿美元用时仅 1 年;随后基本是一年上一个万亿美元台阶。到 2023 年底,全球 ETF 资产规模已经达到 11.61 万亿美元,近 20 年间的规模年均复合增长率达到了惊人的 22.16%,产品数量

---

① 资料来源:万得资讯。
② 资料来源:同上。

也是连续20年保持增长。①

在美国市场，依靠ETF快速增长的强势带动，2023年底，以ETF为中坚力量的被动基金规模首度超过了主动基金。同时，投资股票的ETF产品占到了美国股票总市值的13%，② 也就是说，有13%的股票市值是投资者通过持有ETF而间接持有的。

ETF的中国故事

中国境内第一只ETF产品，是华夏基金2004年在上交所发行的上证50ETF，它跟踪的是上证50指数。③ 这只产品的发行标志着境内ETF市场波澜壮阔的发展历程正式开始。2004—2024年，正好是20年。

这背后有一个曲折的故事。早在2000年，上交所就开始组织研究ETF产品，2002年7月，上交所推出了上证180指数，并宣布研发相关ETF产品，④ 华夏基金也开始启动ETF研发工作。

在长达数年的研发过程中，境内第一代ETF人一方面向海外机构"取经"，汲取先进经验，另一方面结合实际，设计交易规则、创新业务系统、搭建基础设施。在投资者对ETF并不熟悉、包含数字或字母的基金产品普遍难卖的情况下，他们反复与投资者沟通，努力进行产品介绍。

---

① 资料来源：《上海证券交易所ETF行业发展报告（2024）》，数据截至2023年底。
② 资料来源：同上。
③ 资料来源：华夏基金官网。
④ 资料来源：上海证券交易所。

最终，这只产品在募集阶段规模达到了 54 亿元，[①] 为境内 ETF 产品的发展之路创造了一个良好开局，也正式开启了境内指数化投资时代。截至 2024 年 6 月 30 日，这只产品的规模已经超过 1100 亿元。[②]

在多方共同推动下，20 年间，境内 ETF 行业蓬勃发展。2004—2020 年，境内 ETF 市场规模从 0 起步，到突破 1 万亿元大关，用了 16 年时间。但仅仅 3 年之后，就实现了从 1 万亿元到 2 万亿元的突破。到 2023 年底，ETF 产品市值总规模达到 2.05 万亿元，境内交易所挂牌上市的 ETF 产品数量达到 889 只。[③] 尽管 2023 年内 A 股出现较大波动，ETF 市场仍然实现了 5009 亿元的资金净流入，[④] 反映了众多投资者对 ETF 投资价值的认可。

与此同时，在 A 股的总市值中，投资股票的 ETF 产品市值占比仅有 2%，与美国的 13% 相比，[⑤] 仍有较大发展潜力。境内 ETF 市场，仍处于生机勃勃的快速发展期。

琳琅满目武器库：ETF 大检阅

2023 年底，境内交易所挂牌上市的 ETF 产品数量已经达到了 889 只，面对众多产品，该如何选择适合自己的呢？

[①] 资料来源：《上证 50 交易型开放式指数证券投资基金基金合同生效公告》。
[②] 资料来源：《上证 50 交易型开放式指数证券投资基金 2024 年第 2 季度报告》。
[③] 资料来源：《上海证券交易所 ETF 行业发展报告（2024）》，数据截至 2023 年底。
[④] 资料来源：同上。
[⑤] 资料来源：同上。

工欲善其事,必先利其器。首先应该了解ETF的基本类别,熟悉不同类别ETF产品的优势、特长、风格和适用场景,才谈得上根据投资目标、风险偏好和具体需求来挑选与运用。

这就好比我们面对一个琳琅满目的武器库,首先要搞清楚哪些属于远程武器,哪些属于近战武器,哪些属于防御武器,不同类型的武器各有什么特性,这样才能够选出更称手的武器。

宽基指数ETF:紧跟大势,分散风险

> **小贴士**
>
> ### 宽基指数ETF面面观
>
> - 宽基指数ETF是什么?
>
> 通常指跟踪宽基指数即规模指数的ETF产品,指数选样范围广泛,不限于特定主题或者特定行业。
>
> - 宽基指数ETF的特点有哪些?
>
> 反映市场整体走势,获取平均收益,有效分散风险;受主观判断和人为影响较小;属于蓬勃发展的市场主流品种。
>
> - 如何比较和挑选宽基指数ETF产品?
>
> 五看法:
>
> 一看公司,选择成立时间长、ETF产品管理实力强、品牌信誉好的头部基金公司;二看规模,尽量避免选择规模太小的产

品；三看误差，选择与跟踪指数误差小的产品；四看流动性，选择流动性较高的产品；五看费率，选择成本低的产品。

在 ETF 的武器库中，我们常用的一类武器叫宽基指数 ETF。这也是我们在投资 ETF 时，需要了解和熟悉的基本武器。

何为宽基指数 ETF？

宽基指数 ETF（以下简称宽基 ETF），顾名思义，是跟踪宽基指数即规模指数的 ETF 产品。它既是当前市场主流的 ETF 产品类型之一，也是发展历史最为悠久的 ETF 产品类型之一。

宽基指数的"宽"，主要体现在它的选样范围比较大、不局限。从概念上来说，指数选样的范围覆盖广泛，不限于特定主题或者特定行业，可以反映某个市场或者某一大类股票整体表现的指数，就叫宽基指数。

平时我们用来判断大盘走势的指标，基本上都是宽基指数，例如上证指数、深证指数、沪深 300 指数等。其中，上证指数常被看作股市表现的晴雨表，深证指数反映的是深圳证券市场的整体运行特征，沪深 300 指数则反映了沪深市场上市公司股票的整体表现。

举例来看，一个老股民对你绘声绘色地描绘 2015 年股市下跌的可怕，他说："哎呀，上证指数从 5178 点跳水，两个月的时间，就跌到了 2850 点。"① 他用来描述市场走势的，就是上证指数。

---

① 资料来源：万得资讯。2015 年股市下跌的时间区间为 2015 年 6 月 15 日～2015 年 8 月 26 日，2850 点为 2015 年 8 月 26 日当日上证指数的点位。

除了上述在沪市、深市中选取样本的宽基指数，还有一类特殊的宽基指数，主要取样范围是上交所的科创板、深交所的创业板以及北交所。它们选取的上市公司以中小型企业为主，带有科技创新、商业模式创新、产业升级的鲜明特征，可以看作具有科创特点的宽基指数。创业板综合指数、创业板指数、上证科创板50成分指数、创业板50指数、北证50成分指数等均属于此类指数。

若我们将视野扩展到境外市场，标普500指数、纳斯达克指数等指数也为宽基指数。前文提及的境内第一只ETF产品——上证50ETF，就是一只跟踪上证50指数的宽基ETF。

宽基ETF有什么特点？

第一，宽基ETF跟踪的宽基指数代表性强，在一定程度上可反映市场整体情况。因此，ETF和指数基金投资的优势在宽基ETF上得以较为充分地体现。例如，宽基ETF紧跟市场走势，力求获取市场平均收益、分散风险；又如，宽基ETF不局限于具体行业和主题，受行业周期性因素影响较小。

第二，宽基ETF对我们主观判断的依赖程度较小，无须面对行业的抉择难题，但仍需仔细研究不同宽基ETF跟踪指数的差别。例如，同为跟踪市场整体表现的宽基指数，上证50指数、沪深300指数所选取的样本，都是市场上规模较大、流动性较好的上市公司股票，也就是俗称的大盘股。相应地，规模和流动性次之的还有中盘股和小盘股。上证50指数只挑选了沪市规模大、流动性好的最具代表性的50只股票作为样本，沪深300指数则把视野扩展到沪市、深市两个市场，样本数量也扩大到 300 只。而中证 500 指数的思路则有些不同，它避开了沪深 300 指数所涵盖的前 300 只上市公司股票，以及过去一年日均成交金额由高到低排名后 20% 的股票，在这个基础上挑选排名前 500 的股票，因此它反映的是沪深两个市场中型公司股票的表现，看的是中盘股的业绩。① 大盘股和中盘股的表现并非完全一致，在投资的时候，仍需要做出选择与判断。

第三，宽基 ETF 历史悠久。美国第一只 ETF 标准普尔存托凭证以及中国境内第一只 ETF 上证 50ETF，都是典型的宽基 ETF。同时，宽基 ETF 也是市场上主流的 ETF 产品类型之一。数据显示，2023 年底，境内市场宽基 ETF 产品总数达到 214 只，总体规模接近 9000 亿元人民币。② 不仅规模增长速度超过了行业 ETF 等窄基产品，占比也在不断提高。③ 同时，全球宽基 ETF 规模占股票 ETF 比例也有所回升，达到 62.1%。④ 这说明，宽基 ETF 产品未来或许仍有进一步的发展空间。

宽基 ETF 的蓬勃发展，在给我们带来了丰富的产品选择的同时，也产生了一个问题：市场上跟踪同一个宽基指数的产品众多，如全市场跟踪沪深 300 指数的宽基 ETF 产品数量多达几十只，应如何比较和选择呢？

我们可以通过"五看法"来进行选择：

---

① 资料来源：中证指数官网。
② 资料来源：深交所，《ETF 市场发展白皮书（2023）》。
③ 资料来源：《上海证券交易所 ETF 行业发展报告（2024）》。
④ 数据来源：中证指数，《全球宽基指数化投资年度报告（2023）》。

一看公司，选择成立时间长、ETF产品管理实力强、品牌信誉好的头部基金公司。

二看规模，尽量避免选择规模太小的产品。

三看误差，选择跟踪指数误差小的产品。ETF产品与所跟踪指数之间虽可能出现误差，但误差不应过大，更不应有人为偏离。

四看流动性，流动性对于频繁交易、大额资金的进出来说较为重要。日均成交额较高的ETF更容易以接近市场的价格买入或卖出，降低买卖价差带来的交易成本。

五看费率，费率成本低是ETF产品的优势，优中选优、低中选低也是应有之义。

"五看法"对于其他品种的ETF乃至一般指数基金产品也具有一定的参考意义。在具体操作时，须综合考虑各方因素。

前文提到的境内第一只ETF产品——上证50ETF就是一只"五边形战士"式的产品，在公司、规模、误差、费率及流动性方面均具有一定竞争力，值得我们关注。

下面，我们具体来看常见的宽基ETF产品。

1. 上证50ETF

境内第一只宽基ETF上证50ETF跟踪的是上证50指数，该指数以上证180指数样本为样本空间，挑选上海证券市场规模大、流动性好的最具代表性的50只股票作为样本，综合反映上海证券市场最具市场影响力的一批龙头企业的整体表现。

具体的计算方法是根据过去一年的日均总市值、日均成交金额，对样本空间内的股票进行综合排名，取其中的前50名作为样本。但并非排名前列就照单全收，专家委员会有权将一部分样本剔除，剔除的情况包括上市不满一个季度、市场表现异常、财务状况恶化、财务造假等。指数样本每半年调整一次，每次调整比例一般不超过10%，也就是5只股票。上证50指数是在2004年1月2日发布的，以2003年的12月31日作为基准日，基准值为1000点。2023年底，指数收盘于2326.17点。[①]

上证50指数的成分股如表2-1所示（此处不作为个股推荐）。

表2-1　上证50指数前十大成分股

序号	名称	权重（%）	总市值（亿元）
1	贵州茅台	16.93	21 681.97
2	中国平安	6.77	7 338.72
3	招商银行	5.38	7 016.16
4	兴业银行	3.68	3 367.51
5	长江电力	3.57	5 710.88
6	紫金矿业	3.20	3 280.29
7	恒瑞医药	3.15	2 885.22
8	中信证券	3.11	3 018.95
9	伊利股份	2.66	1 702.93
10	工商银行	2.62	17 036.22

资料来源：万得资讯，截至2023年12月31日。

可以看到，上证50指数前十大权重股皆为主干产业的龙头公司，或是关乎国计民生的重点企业。投资跟踪上证50指数的ETF

[①] 资料来源：中证指数官网。

产品，就相当于紧跟大盘，投资由这些龙头公司构成的资产组合。

实战小案例

上证50ETF能帮我们挣多少钱？

假设华华在2004年12月30日上证50ETF成立的时候，以1万元投资这只ETF，并一直持有。到2023年底，这只ETF的单位净值从1元变成了2.3640元，与同期上证50指数的走势基本一致。基金份额累计净值增长率达到了287.61%，也就是说，在不考虑费用的情况下，华华的1万元，已经变成了3.88万元（见表2-2）。[①]

表2-2　上证50ETF投资的简单示例

	初始资金	期末资金	投资回报率
华华	10 000元	38 761元	287.61%

2. 沪深300ETF

沪深300ETF跟踪的是沪深300指数，该指数由中证指数公司开发，由沪深市场中规模大、流动性好的最具代表性的300只股票

[①] 上证50ETF成立于2004年12月30日，近5年完整会计年度业绩/同期业绩基准表现：2019年为35.72%/33.58%、2020年为20.64%/18.85%、2021年为-9.13%/-10.06%、2022年为-17.68%/-19.52%、2023年为-9.26%/-11.73%。成立以来业绩/同期业绩为287.61%/175.68%，截至2023年12月31日。业绩比较基准为上证50指数。数据来自基金历年年报，经托管行复核。

组成。它反映的也是大盘股的表现，但是样本范围比上证50指数大一些，而且横跨沪市和深市两个市场。正因为这种跨市场性，所以它在上交所和深交所各有一个代码。不过，这并不意味着所有跨沪深两市的指数都会各有一个代码。

这个指数的编制，采取自由流通量作为加权的权数。也就是说，一只股票剔除不上市流动的股本之后，在市场自由流通的股票市值，决定了它在指数中所占的权重。

沪深300指数横跨两个市场，样本数量较大，所包含公司的市值规模超过了沪深两市市值总规模的50%，所以，业内普遍认为沪深300指数是国内股市最具代表性的指数，能够反映A股市场的总体走势。

沪深300指数于2005年4月8日发布，以2004年12月31日作为基准日，基准值为1000点。2023年底，指数收盘于3431.11点。[①] 沪深300指数的成分股每年调整2次，表2-3中所示为指数的前十大成分股（此处不作为个股推荐）。

表2-3 沪深300指数前十大成分股

序号	成分股名称	权重（%）	总市值（亿元）
1	贵州茅台	6.24	21 681.97
2	中国平安	2.50	7 338.72
3	宁德时代	2.48	7 181.87
4	招商银行	1.98	7 016.16
5	五粮液	1.56	5 446.28

---

① 资料来源：中证指数官网。

（续表）

序号	成分股名称	权重（%）	总市值（亿元）
6	美的集团	1.55	3 837.54
7	兴业银行	1.36	3 367.51
8	长江电力	1.32	5 710.88
9	紫金矿业	1.18	3 280.29
10	恒瑞医药	1.16	2 885.22

资料来源：万得资讯，截至2023年12月31日。

由于沪深300指数代表性强，因此几乎每一家大型基金公司都推出了跟踪沪深300指数的指数基金产品。华夏基金的沪深300ETF华夏，就是其中之一。

3. 中证1000ETF

除了跟踪大盘股的沪深300指数，中证公司也推出了跟踪中盘股的中证500指数，跟踪大盘股和中盘股的中证800指数。市场上也有对应的ETF产品，我们在这里就不再赘述了。

那么，到底有没有跟踪小盘股指数的ETF产品呢？有的，这就是中证1000ETF产品，它所跟踪的是中证1000指数。这个指数是在沪深两市的股票中，先排除中证800指数的成分股，再选择规模较小、流动性好的1000只股票作为样本。它也属于中证公司开发的指数系列产品，与沪深300指数、中证500指数形成了互补关系。它的编制方式、加权规则、调整规则、基准设置等，与上述指数基本相似，为我们紧跟A股市场小盘股的整体表现提供了参考依据。

中证1000指数的发布日期是2014年10月17日，以2014年

12月31日为基准日,基准值为1000点。2023年底,中证1000指数收盘于5887.24点。[①]

表2-4中所示是中证1000指数的前十大成分股情况(此处不作为个股推荐)。

表2-4 中证1000指数前十大成分股

序号	成分股名称	权重(%)	总市值(亿元)
1	太平洋	0.41	252.20
2	兴森科技	0.41	248.87
3	江特电机	0.38	230.35
4	欧菲光	0.35	283.76
5	四维图新	0.34	211.62
6	ST新潮	0.34	208.10
7	润和软件	0.34	206.91
8	兴齐眼药	0.30	227.15
9	惠泰医疗	0.30	259.76
10	鼎龙股份	0.30	228.72

资料来源:万得资讯,截至2023年12月31日。

4. 科创板中的ETF

前文介绍的宽基ETF所跟踪的指数,主要是按照流通市值的大小对市面上的股票进行分组,以体现对大盘、中盘或是小盘股票表现的跟踪关注。除此之外,宽基ETF及其所跟踪的指数还有其他分类方法。如创业板ETF,就是专门跟踪创业板相关股票指数的ETF

[①] 资料来源:中证指数官网。

产品，目的是跟随创业板的整体发展，获得平均收益。

具体来看，创业板是什么？我们平时所说的沪市、深市，原指两个交易所的主板市场，但主板市场的上市门槛较高，对于营业期限、股本大小、收入、利润、现金流等均设有较高标准，很多小公司并不容易达到。若达不到主板市场的上市条件，可以退而求其次，在门槛稍低的二板市场上市。国内的二板市场就是创业板和科创板，创业板在2009年10月30日正式开市，目前处于深交所的框架之下。

除了创业板，为更好地服务科技创新型企业，2018年11月5日，我国在首届中国国际进口博览会开幕式上宣布在上交所设立科创板。次年7月22日，科创板首批公司上市。科创板与创业板较为相似，同样是在沪深主板之外设立，且所服务的上市企业均偏重于创业型企业。不过，科创板的"科技"属性要更强一些，它主要服务于符合国家战略、突破关键核心技术、市场认可度高的科技型企业。

科创板的上市门槛既不同于主板，也不同于创业板，它充分考虑科技型初创企业的实际情况，允许尚未盈利的企业上市。同时，科创板要求上市企业必须满足行业要求，应属于新一代信息技术、高端装备、新材料、新能源、节能环保、生物医药等高新技术产业和战略性新兴产业，在研发投入、研发人员、研发比例等方面也设立了标准。

因为创业板和科创板上市企业多具有高风险、高收益特点，且涨跌幅限制不是主板的10%，而是20%，震荡幅度更大，所以它们除了对上市企业设立门槛，对投资者也设立了门槛——对投资者的账户内日均资产、交易经验、风险承受能力等分别提出了要求。

科创板的历史比创业板更短，发展速度也更为迅猛。它在2019年开板时只有25只股票，到2023年底，已经有566家公司上市，在全部5346家上市企业中，占比达到10.58%，超过了1/10。科创板的总市值已经达到了6.46万亿元，在A股总市值中的占比达到了7.71%。[1]

从上市IPO（首次公开发行）的情况来看，2023年内，整个A股市场完成IPO的公司一共313家，其中科创板67家，占比21%；A股市场IPO合计募资总额为3565亿元，其中科创板募资总额就有1438亿元，占比达到41%，在整个市场一骑绝尘，显示了强劲的发展势头。[2]

那么，有哪些指数可以反映科创板的发展呢？目前，科创板较为主要的宽基指数是科创50指数和科创100指数，分别反映科创板头部50家大市值公司和头部之下100家中等市值公司的股票表现，其中前者更重要一些。

具体来看，科创50指数全称是"上证科创板50成分指数"，指数样本由上海证券交易所科创板中市值大、流动性好的50只股票组成。为避免单个样本权重过大对指数造成影响，科创50指数设置了一定的权重上限：单个样本权重上限为10%，前五大样本权重之和不超过40%。同时，因为科技创新型企业发展变化速度较

---

[1] 资料来源：万得资讯。
[2] 资料来源：同上。

快,所以不同于一般宽基指数每年1~2次的调整频率,科创50指数的成分股每年调整4次,即每季度都会调整。

科创50指数的发布日期是2020年7月23日,以2019年12月31日为基准日,基准值为1000点。2023年底,科创50指数收盘于852点。[①]

表2-5所示是科创50指数的前十大成分股情况(此处不作为个股推荐)。

表2-5 科创50指数前十大成分股

序号	成分股名称	权重(%)	总市值(亿元)
1	中芯国际	9.60	4 213.26
2	金山办公	6.70	1 459.97
3	中微公司	6.10	951.21
4	海光信息	6.05	1 649.82
5	联影医疗	5.18	1 129.18
6	澜起科技	4.90	669.12
7	传音控股	4.09	1 116.29
8	天合光能	2.84	620.12
9	沪硅产业	2.62	475.81
10	寒武纪-U	2.58	562.24

资料来源:万得资讯,截至2023年12月31日。

值得一提的是,华夏科创50 ETF属于2020年9月发布的首批科创板ETF产品。在上交所的命名规则体系中,它获得了科创板ETF代码区段的第一顺位代码588000,官方简称也被直接定名为

---

① 资料来源:中证指数官网。

"科创50"（也简称为科创50ETF）。2023年末，它的规模超过900亿元，[①] 一直是这个领域最受追捧的ETF产品。

行业指数ETF：精准聚焦，捕捉热点

> **小贴士**
>
> **行业指数ETF面面观**
>
> - 行业指数ETF是什么？
>
> 通常指跟踪某个特定行业指数的交易型开放式指数基金。
>
> - 行业指数ETF的特点有哪些？
>
> 不同行业的行业指数ETF所跟踪的指数表现差别较大；
>
> 行业指数ETF体现了行业周期性的差别；
>
> 挑选行业指数ETF时需要考虑的问题较多。
>
> - 如何挑选行业指数ETF？
>
> 三步骤：
>
> 一比行业特征，关注市场表现较好的行业指数ETF；
>
> 二比行业周期性，力争利用周期波动获得超额收益；
>
> 三比ETF产品本身品质，运用"五看法"选择更合适的ETF产品。

[①] 资料来源：《华夏上证科创板50成分交易型开放式指数证券投资基金2023年年度报告》。

与宽基指数相对应的，自然是窄基指数了。窄基指数是指反映某一个特定类别股票表现的指数，以跟踪特定行业、主题的指数最为常见。

在 ETF 的武器库中，跟踪行业指数的行业指数 ETF（以下简写为行业 ETF）也是一种非常重要的武器。

何为行业 ETF？

行业 ETF 是跟踪某一行业指数的 ETF 产品。平时我们说的能源行业、金融行业等，这些都是行业分类的概念。不同行业特征不同、内在发展规律不同，在此基础上编制而成的行业指数表现也会存在差异。这样一来，我们投资行业 ETF，就相当于投资某个特定行业，收益与行业的整体表现直接相关。

市场上这么多股票，究竟该如何进行行业划分？这就涉及行业划分标准的问题了。目前行业分类标准非常多，对股市而言，使用较多的是标准普尔公司与摩根士丹利公司于 1999 年 8 月推出的全球行业分类系统（Global Industry Classification Standard，简称 GICS）。目前，这套系统将所有行业划分为 11 个经济部门、24 个行业组、68 个子行业（见表 2-6）。

表 2-6 GICS 分类标准

类别	行业
基础材料	化学品、金属采矿、纸产品和林产品等
消费者非必需品	汽车、服装、休闲和媒体等
消费者常用品	日用产品、食品和药品零售等
能源	能源设施、冶炼、石油和天然气的开采
金融	银行、金融服务和保险

(续表)

类别	行业
医疗保健	经营型医疗保健服务、医疗产品、药品和生物技术
工业	资本货物、交通、建筑、航空和国防
信息技术	硬件、软件和通信设备
电信服务	电信服务和无线通信
公用事业	电力设备和天然气设备
地产业	房地产开发、管理及相关信托

资料来源：MBA智库百科。

我国的不少分类标准也是在GICS的基础上调整形成的。

如中证指数公司发布的中证行业分类标准，目前共有11个一级行业、35个二级行业、98个三级行业和260个四级行业。其中，一级行业包括能源、原材料、工业、可选消费、主要消费、医药卫生、金融、信息技术、通信服务、公用事业和房地产。除了具体表述差异，中证一级行业分类与GICS的一级行业分类基本一致。而中证指数体系中的行业分类指数，都是在这个分类体系的基础上编制形成的。

例如，中证全指行业系列指数是按照11个一级行业，将A股各个市场符合条件的股票进行分类，如果行业类股票数量少于或等于50只，则全部股票作为成分股。如果多于50只，则先剔除行业内全部股票成交金额排名后10%的股票，再剔除累计总市值占比达行业内全部股票98%以后的股票，剔除过程中优先确保剩余股票数量不少于50只，将剩余股票作为相应行业指数的样本。根据流通市值分配权重，单只股票权重不超过10%，成分股每年调整2次，以2004年12月31日为基准日，基准值为1000点。

中证行业系列指数不仅名称与中证全指行业系列指数相似，编制规则、基准设定等也较为相似，但成分股选择标准差异较大。中证行业系列指数是在中证800指数的样本股中，选取相关行业的股票作为成分股。中证800指数反映的是市场大盘股与中盘股的整体表现，中证行业系列指数所反映的是不同行业大中盘股的情况。

行业ETF有什么特点？

第一，不同行业的行业ETF所跟踪的指数表现差别较大。

对不同行业而言，企业和产品的护城河不同。拥有高护城河的企业往往能够掌握产品定价权，形成可观的盈利能力，相应的股票表现也会较好。

不同行业的发展受政策影响不同。如消费行业蓬勃发展的时期，正好是国家采取各种政策刺激内需、扩大居民消费的时期，指数的变化是政策影响的折射。

不同行业的发展还受到科技创新和商业模式迭代的影响。如医药卫生行业的发展，不仅受益于人口老龄化和政策等因素，也受益于生物医药科技领域的快速进步。

第二，行业ETF还体现了行业周期性的差别。

周期性是经济发展的根本特征之一，行业赛道同样具有一定的周期和配置属性。还是以中证全指行业系列指数为例，部分行业周期性较弱，例如消费行业、医药行业，不管经济发展是处于繁荣还是萧条阶段，日常消费、生病吃药等都是不可避免的；部分行业周期性特征较为明显，如地产行业既受整体经济周期的影响，行业本身也呈现出比较明显的发展周期性，行业蓬勃发展时期对于上市公司、行业指数以及对应 ETF 的表现均有一定程度的提振。因此，擅长捕捉行业成长期的投资者或许可以通过相关指数的配置获得收益。

我们来看看中证全指行业系列指数中，全指地产指数的表现（见图 2-1）。

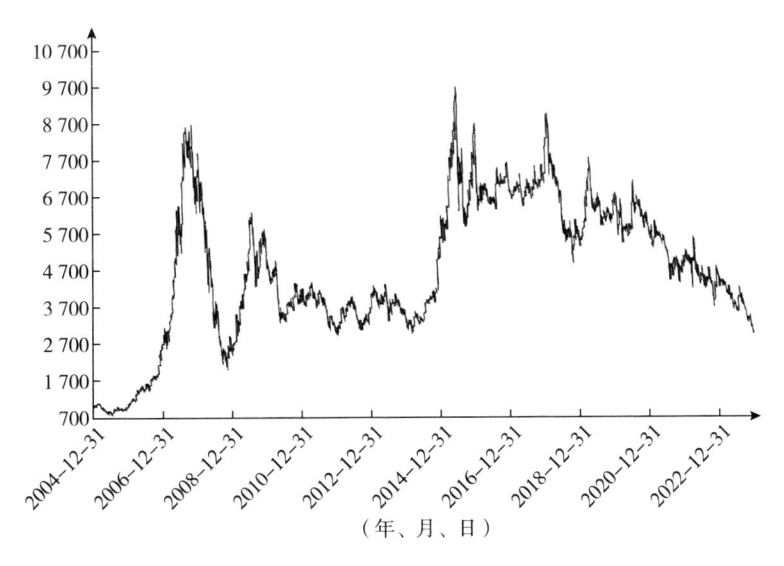

图 2-1　全指地产指数表现

资料来源：万得资讯，截至 2023 年 12 月 31 日。

不难发现，在 2007 年、2015 年、2018 年前后指数曾几次处于周期性高点，最高超过 9500 点。若我们风险承受能力较强，敢于承受周期性波动，在行业波谷时入场，在行业波峰时减持，同样有可能从周期性波动中捕捉到超额收益。

不过，捕捉行业周期需要一定的专业能力。我们可以通过投资行业 ETF，分散行业内部风险，将精力专注于战略层，判断行业走向和周期波动节奏的大势。

第三，行业 ETF 受不同行业特点影响，周期性特征也存在差异，因此，投资行业 ETF 需要考虑的问题比投资宽基 ETF 要多一些。我们可将行业 ETF 的选择方法概括为"三比法"。

一比行业特征。一般来说，行业 ETF 跟踪行业指数，如果这个行业的产品差异化程度较高、行业内上市企业护城河明显、普遍具有较强定价能力，同时政策环境和技术进步对行业发展具有正面影响，那么这个行业内上市企业的股票在市场表现较好的概率就会高一些，值得我们予以更多关注。

二比行业周期性。有些行业受经济周期影响较小，盈利情况比较稳定，选择这些行业指数对应的 ETF 产品，有利于规避波动，获取稳定回报。选择周期性特征明显的行业之时，须具备一定的周期判断与择时能力，要尽可能选择在周期波谷的时候进入，在周期波峰的时候减持，这样有助于我们利用周期波动获得超额收益。

三比 ETF 产品本身的品质。在确定行业方向之后，面对同一行业甚至是同一行业指数的 ETF 产品，应如何选择？可以运用之前的"五看法"——看公司、看规模、看误差、看流动性、看费率，在跟踪同一指数的 ETF 产品中优中选优，结合自己的实际情况与投资风格，选择更合适的产品。

需要注意的是，这一套"三比法"，不仅适合选择不同一级行业所对应的行业 ETF 产品，对于二级行业、三级行业相关产品的选择也是适用的，但我们的分析和选择需要更加细致。

你或许会有疑问，都说 ETF 投资是被动投资，怎么还需要主动进行行业选择呢？而且，不仅要主动选行业，对于那些周期性比较强的行业，甚至还要主动选时机，这岂不是背离了被动投资的初衷？

这个问题要这么看。首先，所谓的"被动投资"，是指投资者对于投资行为进行有限介入，它绝不意味着对投资完全不做主动分析、判断与干预。

其次，对ETF投资而言，它的被动性主要体现在每一只ETF产品在确定了跟踪的指数之后，就会按照指数确定的成分股清单和权重，被动建立投资组合，基金经理不做过度人为干预。但是，是否选择投资ETF产品，选择哪一只ETF产品，选择在什么时候买入、卖出，仍是需要我们主动判断的。

最后，ETF产品的被动性，是相对个股投资、主动型基金投资等产品而言的，且ETF的被动程度也存在差异。一般情况下，行业ETF这样的窄基ETF相比宽基ETF而言，主动性要更强一些。但即便宽基ETF产品被动性较强，在很多环节依然需要我们进行主动判断。例如，选择紧盯大盘的宽基ETF，还是选择小盘？选择紧盯主板、创业板还是科创板？这些都需要我们去主动判断和选择。

归根结底，投资理财是一种选择行为，任何投资理财产品，哪怕是ETF这样的被动投资产品，都需要我们进行不同程度的主动判断与选择。

在各种ETF产品中，行业ETF是主动性较强的一种，在很大程度上体现了"被动+主动"的特性。正是出于这个原因，它比较适合与被动性较强的宽基ETF一起构建投资组合，实现不同风格之间的搭配，进一步发挥分散风险的作用，形成"进可攻退可守"的投资结构。

在这样的投资结构中，宽基 ETF 是防守端，稳住平均收益；行业 ETF 是进攻端，通过主动选择行业方向与交易时机，保留争取超额收益的可能性。

这里面也有一个重要经验。部分宽基 ETF 的成分股，在行业分布上可能是高度集中的，在这种情况下，如果要建立宽基 ETF 加行业 ETF 的组合，就不要再选择相同或相关的行业了。这样才能实现风格搭配，充分发挥分散风险的作用。

例如，科创 50 指数的成分股中，信息技术行业的比重较高。截至 2023 年底，信息技术行业股票的权重达 74.58%，超过了 2/3。[①] 若我们以跟踪科创 50 指数的 ETF 为基础构建投资组合，就不宜再选择与信息技术相关的行业 ETF 了。

除了行业指数 ETF，还有一类窄基 ETF 是围绕某个主题，根据一定规则筛选出特定股票构成指数，对其进行追踪形成 ETF 产品。这就是主题指数 ETF（以下简写为主题 ETF）。常见的主题包括养老、环保、军工、医疗、传媒、"一带一路"、互联网、新能源车等。

主题 ETF 所追踪的成分股，可能是和特定主题直接相关的公司股票，也可能是处于产业链上下游的关联公司股票。因此，主题指数成分股的范围并不限定于同一行业范畴之内。如中证新能源汽车指数，它的成分股构成就横跨了可选消费、工业、原材料等多个一级行业。在政策科技等方面出现有利变化、新能源车主题受到市场

---

① 资料来源：万得资讯，数据截至 2023 年底。

青睐的情况下，相关主题的股票就可能呈现共同上涨的态势，带动指数上升。这样一来，跟踪新能源车主题的主题 ETF，就为我们提供了一个聚焦市场热点、分享行业成长的机会。

从某种意义上说，主题 ETF 可以看作行业 ETF 的一个补充，两者的概念与范畴虽不相同，但在特征上具有相似性，在选择投资目标时，也可以参照类似的方法进行操作。

下面，我们具体来介绍以下几个具有代表性的行业指数、主题指数及对应 ETF 产品。

1. 中证细分食品饮料产业主题指数

该指数由中证指数公司编制。它是在中证全指指数的样本空间内，对各股票过去一年的日均成交金额由高到低排名，剔除排名后 20% 的股票，再进行主题筛选，选取食品饮料行业中过去一年日均总市值最大的 50 只股票作为指数样本，若数量少于 50 只则全部纳入。截至 2023 年 12 月 31 日，前十大成分股包括五粮液、贵州茅台等细分行业龙头企业（此处不作为个股推荐）。华夏基金的食品饮料 ETF，是跟踪这个指数的代表性 ETF 产品。

2. 中证新能源汽车指数

该指数由中证指数公司编制。它是在中证全指指数的样本空间内，选取涉及锂电池、充电桩、新能源整车等业务的上市公司证券作为待选样本，将待选样本按照过去一年日均总市值由高到低排名，选取排名前 50 的股票作为指数样本。截至 2023 年 12 月 31 日，它的权重股包括比亚迪、宁德时代等相关主题龙头企业（此处不作为个股推荐）。华夏基金的新能源车 ETF，是跟踪这个指数的代表性 ETF 产品。

3. 中证内地低碳经济主题指数

该指数由中证指数公司编制。它是在中证全指指数的样本空间内，按照过去一年的日均成交金额由高到低排名，剔除排名后 20% 的股票，并将最近一个会计年度在以下业务的收入占比或利润占比达到 50% 的公司股票作为待选样本：清洁能源发电（太阳能、风能、核能、水电、清洁煤等）、能源转换及存储（智能电网、电池等）、清洁生产及消费（能源效率等）、废物处理（水处理和垃圾处理）。最后在待选样本中，按照过去一年的日均总市值由高到低排名，选取排名前 50 的股票作为指数样本。截至 2023 年 12 月 31 日，它的成分股包括长江电力、宁德时代等相关主题龙头企业（此处不作为个股推荐）。华夏基金的碳中和 ETF 是跟踪这个指数的代表性 ETF 产品。

4. 国证半导体芯片指数

该指数由深圳证券信息有限公司编制。它的样本空间是满足下列条件的 A 股和红筹企业发行的存托凭证：非 ST、*ST 股票；在科创板、北交所上市时间超过 1 年；在其他地方上市时间超过 6 个月，或上市以来日均总市值排名在选样空间前 3 位，上市时间超过 3 个月；最近一年无重大违规、财务报告无重大问题；最近一年经营无异常、无重大亏损；考察期内价格无异常波动；公司业务范畴属于芯片产业中材料、设备、设计、制造、封装和测试等。在此基础上，计算入围选样空间股票在最近一年的日均成交金额和最近半年的日均总市值，然后剔除选样空间内最近一年的日均成交金额排名位于对应交易所后20%的股票，最后对选样空间剩余股票按照最近半年的日均总市值从高到低排序，选取前30名股票作为指数样本。截至2023年12月31日，它的成分股包括北方华创、中芯国际等相关主题龙头企业（此处不作为个股推荐）。华夏基金的芯片ETF，是跟踪这个指数的代表性ETF产品。

策略指数ETF：有章有法，卓尔不群

> **小贴士**
>
> ### 策略指数ETF面面观
>
> - 什么是策略指数ETF？
>
> 策略指数ETF通常跟踪的是策略加权指数，在传统指数的基础上，希望通过优化成分股选择，获取超预期收益。
>
> - 策略指数ETF的特点有哪些？
>
> 采用非市值加权方式，如基本面加权、财富加权、固定权重等。

宽基 ETF 和行业 ETF 虽然指数成分股的选取原则各不相同，但有一个共同点：绝大多数情况下，它们都是按照市值加权的方式进行指数编制的。按照这种加权方式，股票的市值越高，在整个指数成分股的盘子里所占的比重就越大。其中，市值有时是依据总市值，但更多时候是依据流通市值，也就是在市场上可以流通的那部分市值。

市值加权方式当然有它的合理性，谁的盘子大谁的话语权就大，这个道理说得通。但在这种加权方式下，若股票价格高估，指数很容易受到影响；同时，市值加权方式比较偏爱大盘股，但紧跟大盘股走势进行投资并不符合所有人的投资风格，也不见得在任何时候都是有效的。那么，有没有其他的加权方式呢？下面这一类 ETF 所跟踪的指数，就是采取其他加权方式进行编制的，它们统称为策略指数 ETF（以下简写为策略 ETF）。

何为策略 ETF？策略 ETF 是跟踪特定投资策略指数的 ETF 产品。

那什么是策略指数呢？它是指在指数编制过程中，不采取简单的市值加权方式，当然也不会采用更简单的、每一只成分股权重相等的等权方式，而是根据人为设定的策略和规则，安排成分股的权重分配，充分体现对某些特殊因素的重点关注。举个例子来说，若我们比较重视股票分红情况，设计出一种指数编制规则，给高分红股票以更高权重，这就是一种典型的策略指数。

前文中我们说过，即使是具有很强被动投资特点的 ETF 投资，其实也是被动加主动的组合。相比宽基 ETF，行业 ETF 的主动干预主要体现在对不同行业的取舍上，而策略 ETF 的主动性则主要体现在指数加权规则的设计环节。

对我们而言，投资策略 ETF 不仅可以追求 ETF 擅长的平均收益，还可以追求超出基准的超额收益。策略指数有个别名，叫作聪明贝塔（Smart Beta）指数。不要小看了这个别名，它精准地反映了这一指数的本质。

补充一点非常有意思的知识——阿尔法（α，alpha）收益和贝塔（β，beta）收益。这一概念来源于美国经济学家、诺贝尔经济学奖得主威廉·夏普。1964 年，他在一篇论文中将金融资产的收益分解成阿尔法收益和贝塔收益两部分。其中，阿尔法收益是通过主动干预、人为选择实现的，是跑赢大盘、战胜市场平均水平的超额收益；贝塔收益则是跟随市场波动获取的平均收益。威廉·夏普的这套理论被广泛认可与接受，直到今天，阿尔法收益和贝塔收益依然是投资界常用的概念。

举个例子，有三只基金 A、B、C。A 是 ETF，大盘涨了 30%，它也涨了 30%，它拿到的是纯贝塔收益。B 和 C 都是主动基金，一个涨了 35%，一个涨了 25%，它们都是"阿尔法收益 + 贝塔收益的组合"，只不过，B 的阿尔法收益是 5%，C 的则是 −5%。

那么，什么叫作聪明贝塔指数呢？

ETF 投资强调被动投资，强调争取市场平均收益，体现了一种典型的贝塔投资理念。但是，策略 ETF 和一般的 ETF 不同，它在贝塔投资的基础之上，通过人为设计指数规则和权重，体现了对于投资组合的主动干预，以求兼顾一部分超额收益。总的来说，策略指数仍然是一种贝塔指数，但多了一点专业人士人为干预的"聪明",所以就被称为"聪明贝塔"指数了。

下面,我们来看几种常见且经典的策略ETF。

第一类,红利策略ETF

红利策略ETF,是根据股票的分红情况,选择向股东现金分红较多、较为稳定的股票,给予较高权重,以此作为规则编制指数,再对此指数进行追踪的ETF产品。

这里先解释一下现金分红的概念,上市公司在赢利之后,会在按照法律规定提取公司的法定公积金、公益金之后,按照一定比例将盈利以现金的形式,向持有公司股票的股东进行分配。有研究表明,能够持续进行较多现金分红的上市公司,股票的表现是相对较好的。虽然分红操作本身并不会带来股价的上涨,但是有能力也有意愿持续进行较多现金分红,仍是一个有效的公司筛选标准。具体来看,它至少可以证明如下几点:

第一,这家公司拥有持续获取较高利润的能力;

第二,这家公司现金流状况良好,能够承受现金分红对现金流的影响;

第三,这家公司愿意将利润及时与股东分享;

第四,这家公司能够拿出真金白银来分红,说明它大概率不是一家财务造假、业绩造假的坏公司。

在实战中,以持续性的高现金分红作为标准对上市公司进行筛选,也取得了很不错的效果。

1991年,美国基金经理迈克尔·奥希金斯(Michael O'Higgins)

按照分红标准，提出了一套"狗股理论"。具体操作方法很简单，每年初从道琼斯指数成分股中找出 10 只股息率最高的股票并买入；一年之后再看股息率排行榜的变化情况，卖出出榜股票，买入新上榜股票；一年后再找出 10 只股息率最高的成分股，卖出手中不在名单中的股票。如此循环往复。

这套理论看上去并不花哨，甚至有些笨拙，但它的效果却非常明显。1975—1999 年，按照"狗股理论"进行投资，平均复利回报率达到了 18%，远远高于市场上 3% 的平均水平。①

下面我们就来看看具有代表性的红利指数。

1. 中证红利指数

在中证全指指数的成分股中，选取 100 只现金股息率高、分红较为稳定，并具有一定规模及流动性的上市公司股票作为指数样本，以反映高股息率上市公司股票的整体表现。

在成分股的选择上，这个指数选取满足下列条件的 A 股和红筹企业发行的存托凭证：过去一年日均总市值排名在前 80%；过去一年日均成交金额排名在前 80%；过去三年连续分红，且过去三年股利支付率均值、过去一年股利支付率均大于 0 且小于 1。按照以上条件选择出股票之后，按照过去三年平均现金股息率由高到低排名，选取排名前 100 名的上市公司股票作为指数的成分股。

---

① 资料来源：迈克尔·奥希金斯和约翰·道恩斯（John Downs）所著的《击败道指》（*Beating the Dow*）。

在权重分配上，每只股票所占的权重，取决于股票市值与股息率的乘积。也就是说，如果一只股票分红较多、股息率高，它不仅有机会被选为成分股，而且有机会在指数中占有更高的权重。

这个指数以2004年12月31日为基准日，以1000点为基准点，成分股每年调整一次。表2-7所示为该指数的十大成分股情况（此处不作为个股推荐）。

表2-7　中证红利指数前十大成分股

序号	成分股名称	权重（%）	总市值（亿元）
1	陕西煤业	1.79	2 025.29
2	中国神华	1.75	6 228.78
3	唐山港	1.64	207.41
4	山煤国际	1.60	347.13
5	恒源煤电	1.53	133.80
6	中国石化	1.46	6 659.69
7	南钢股份	1.45	228.11
8	厦门国贸	1.44	153.63
9	鲁西化工	1.39	192.22
10	潞安环能	1.39	655.42

资料来源：万得资讯，截至2023年12月31日。

在A股市场，投资红利策略ETF产品是否能够获得像美国"狗股策略"一样的超额收益呢？我们以中证红利指数为例来看一下。

实战小案例

红利策略ETF有多厉害？

假设在2004年底，华华和小明同样以1万元的本金入市。华华选择了中证红利指数，小明则选择了中证全指指数，他们分别买入了跟踪这两只指数的 ETF，在不考虑 ETF 产品跟踪误差的情况下，我们来看看在 2023 年底他们的收益情况如何（以中证红利全收益指数和中证全指全收益指数测算收益）。

这段时间内，中证红利全收益指数从 1000 点涨到了 9351.11 点，因此华华的 1 万元也就变成了 9.35 万元；与此同时，中证全指全收益指数从 1000 点涨到了 5714.08 点，意味着小明在 2023 年底收获了 5.71 万元。相比之下，明显是选择了红利策略的华华投资收益更好。另外，华华在 19 年间的年化收益率达到了 12.49%，这个成绩还是很有说服力的（见表 2-8）。[1]

表 2-8 投资红利策略 ETF 的简单示例

	跟踪指数	初始资金	期末资金	区间收益率（年化）
华华	中证红利全收益指数	10 000 元	93 511.10 元	12.49%
小明	中证全指全收益指数	10 000 元	57 140.80 元	9.61%

2. 上证红利指数

在沪市中，选择 50 只高分红股票作为成分股，规则与中证红利指数基本相似，故不再赘述。

---

[1] 资料来源：万得资讯。截至 2023 年底，中证红利全收益指数近 5 年表现：2019 年为 20.88%，2020 年为 8.18%，2021 年为 18.19%，2022 年为 -0.37%，2023 年为 6.34%。中证全指全收益指数近 5 年表现：2019 年为 33.41%，2020 年为 26.88%，2021 年为 7.70%，2022 年为 -18.93%，2023 年为 -5.34%。指数历史表现不预示未来表现。

3. 深圳红利指数

在深市中，选择40只分红历史稳定、分红比例较高且流动性较有保证的股票作为成分股。它的规则设计与中证红利指数、上证红利指数略有不同。在成分股筛选方面，不仅以股息率、规模等为标准，还综合考虑成分股前三年累计分红金额占深市上市公司分红总额的比重以及最近半年日均成交额占整个深市成交额的比重，将这两个因素按1∶1加权排名，取前40名作为成分股。在加权方面，中证红利以股息率×市值作为权重，而深证红利采用派式加权法。

因为这个指数关注分红的绝对金额而非股息率，因此它相比中证红利指数、上证红利指数而言，更偏重于规模较大的高分红上市公司，具有大盘风格。表2-9所示为深证红利指数的前十大成分股情况（此处不作为个股推荐）。

表2-9 深证红利指数前十大成分股

序号	成分股名称	权重（％）	总市值（亿元）
1	美的集团	13.05	3 837.54
2	五粮液	12.44	5 446.28
3	格力电器	6.97	1 811.62
4	泸州老窖	6.51	2 641.04
5	海康威视	6.42	3 239.58
6	京东方A	6.01	1 468.45
7	平安银行	3.88	1 822.22
8	TCL科技	3.81	807.50
9	长安汽车	3.48	1 669.08
10	潍柴动力	3.43	1 191.18

资料来源：万得资讯，截至2023年12月31日。

4. 中证红利质量指数

在中证全指的成分股中，选取 50 只连续现金分红、股利支付率较高、兼具较高盈利特征的上市公司股票作为成分股，以反映分红预期较高、盈利能力较强的上市公司股票表现。

其选样标准包括四个条件：过去三年连续现金分红，过去一年现金分红总额小于净利润，过去四年现金分红总额大于再融资总额，最近两年平均股利支付率及最近一年股利支付率均大于 20%。在此基础上，综合考虑每股净利润、每股未分配利润、盈利质量、毛利率、净资产收益率（ROE）等财务指标，形成排名，选取得分最高的 50 只股票作为成分股。权重分配则考虑股票市值与股息率的乘积，与中证红利指数、上证红利指数类似。华夏基金的红利质量 ETF，是一只具有代表性的红利策略类指数 ETF 产品。

第二类，基本面策略 ETF

"基本面"这个概念也很常见，在投资理财中，它通常指的是一家上市公司的基本情况，包括生产经营的各个方面。

长期以来，市场投资形成了两个大的流派，一派着重关注技术面，也就是上市公司本身的变动情况和趋势，包括背后的资金流向；另一派则侧重于基本面，更强调关注上市公司本身的经营情况，以此判断其投资价值。

研究上市公司的基本面，对投资理财而言确实是较为重要的角度之一。按照这个思路，我们选择一些可以反映上市公司基本面的重要指标，以此为标准筛选成分股、分配权重，从而形成指数，再设计出对这类指数进行跟踪的策略型 ETF 产品，这就是基本面策略 ETF。

与前面介绍过的红利策略 ETF 相似，基本面策略 ETF 同样是不以股票市值"论英雄"，所以在一定程度上也可摆脱个别股票股价高估、市值高估对指数质量可能产生的影响。这种基本面策略，最早是由美国锐联（Rayliant）资产管理公司主席罗伯特·阿诺德（Robert Arnott）于 2005 年创立。日本的野村证券曾经统计过，1988—2005 年，在全球 23 个主要股票市场中的 22 个，基本面策略都取得了相比市场平均水准更为优异的实战成绩，平均每年跑赢 2%~3%。不要小看这个优势，积累下来，可是非常可观的超额收益。

下面我们再来看看具有代表性的基本面策略指数。

1. 基本面 50 指数

全称是中证锐联基本面 50 指数，它是在中证全指指数的成分股中选取基本面价值最大的 50 只股票作为指数样本，采用基本面价值加权，打破了股票市值与其权重之间的关联，避免了传统市值指数中过多配置高估股票的现象。

如何衡量基本面价值呢？这个指数关注以下四个基本面指标：营业收入、现金流、净资产、分红总额。上述指标按照过去 5 年的年报数据计算，如果可用数据少于 5 年，那就有多少年用多少年。

这个基本面价值体系也考虑到了分红因素，但并不是只考虑分红。无论是成分股的选取，还是权重的分配，都由基本面价值得分决定。这个指数以 2004 年 12 月 31 日为基准日，以 1000 点为基准点，成分股每年调整一次。表 2-10 所示为该指数的十大成分股情况（此处不作为个股推荐）。

表 2-10　基本面 50 指数前十大成分股

序号	成分股名称	权重（%）	总市值（亿元）
1	中国平安	8.22	7 338.72
2	兴业银行	5.43	3 367.51
3	招商银行	5.08	7 016.16
4	中国建筑	4.28	2 016.33
5	工商银行	3.77	17 036.22
6	交通银行	3.73	4 262.68
7	贵州茅台	3.48	21 6841.97
8	中国石化	3.23	6 659.69
9	民生银行	2.96	1 637.46
10	格力电器	2.79	1 811.62

资料来源：万得资讯，截至 2023 年 12 月 31 日。

2. 深证 F60

全称是深证基本面 60 指数，它是在深市股票中选取基本面价值最大的 60 家上市公司股票作为成分股，基本面价值的衡量因素与基本面 50 指数相似。还有深证 F120、深证 F200，设计逻辑也相差不多，只不过将范围扩大到了深市的 120 家、200 家上市公司股票。

第三类，价值策略 ETF

价值策略 ETF 和基本面策略 ETF 有些相似，都是用一个指标体系对上市公司股票进行综合评判，并作为挑选成分股和分配权重的依据，得到一套指数后对指数进行跟踪，形成ETF产品。它们都摆脱了对于股价和市值的单纯依赖，区别在于价值策略指数考虑的是价值因子指标，而非基本面指标。

价值因子指标到底是什么？通俗地说，它是与股票估值相关、在国内外市场投资实战中被证明有效、和股票价格表现有关的一系列指标。

我们结合具体的价值策略指数来看一下。

中证500价值指数，是以中证500指数的成分股为基础，根据价值因子计算风格评分，选取价值得分最高的150只股票构成指数。它关注的价值因子指标主要包括以下四个：股息收益率（D/P）、每股净资产与价格比率（B/P）、每股净现金流与价格比率（CF/P）、每股收益与价格比率（E/P）。这一得分，也会左右成分股权重的分配。

中证500价值指数以2004年12月31日为基准日，以1000点为基准点，成分股每半年调整一次。表2-11所示为该指数的十大成分股情况（此处不作为个股推荐）。

表2-11 中证500价值指数前十大成分股

序号	成分股名称	权重（%）	总市值（亿元）
1	永泰能源	1.72	304.38
2	东吴证券	1.65	366.05
3	西部矿业	1.54	340.05
4	神火股份	1.49	377.95
5	渝农商行	1.43	463.37

（续表）

序号	成分股名称	权重（%）	总市值（亿元）
6	财通证券	1.42	360.35
7	铜陵有色	1.41	415.48
8	苏州银行	1.34	236.87
9	浙江龙盛	1.23	273.28
10	华菱钢铁	1.20	355.79

资料来源：万得资讯，截至2023年12月31日。

除此之外，市场上还有沪深300价值指数、上证180价值指数等不同的价值策略指数，设计逻辑也基本相似。

第四类，低波动策略ETF

下面来看看低波动策略ETF，它的背后，是一个较为惊人的发现。

很多人认为对金融市场而言，资产波动越大、风险越大，可能获得的收益也越大。不过，金融学教授罗伯特·豪根（Robert Haugen）发现，对股市而言，选择价格波动率较低的股票，反倒可以获得更高的收益率。他通过数据验证，发现不仅在美国股市存在这种情况，在其他20个国家的股市也都存在这种情况。

豪根的发现，被称为"低波动率之谜"，在当时的金融界，属于一种反常识的情况，很多人认为是统计误差，甚至直接忽视这种情况。

不过，随着经济学理论的不断发展，"低波动率之谜"也得到了理论的支撑。按照行为金融学的解释，个人投资者常常存在非理性心理，会刻意追捧波动率较高的股票，以购买彩票的心态博取高额回报，这种心理会导致高波动率股票的价格被高估，这就是"彩票偏好理论"。在这种情况下，选择低波动率的股票，反倒可以在一定程度上回避这种股价被错误高估的情况，这也是低波动率股票的市场回报高于平均水准的原因。

下面我们具体来看看具有代表性的低波动率指数。

中证500行业中性低波动指数，是在中证500指数二级行业内，选取具有低波动特征的150只股票作为成分股，在保持行业中性的同时，对行业内的股票采用波动率的倒数进行加权。

听上去稍微有点复杂，具体来说是这样的：

第一步，分配成分股名额。将中证500指数之内每个二级行业的股票数乘以0.3，得到每个行业在中证500行业中性低波动指数中的名额分配数量。比如，食品、饮料、烟草这个二级行业在中证500指数的成分股中有20只，$20 \times 0.3 = 6$，在低波动指数中的名额就是6个。

第二步，波动率排序。将每个二级行业的股票，按照最近一年日收益率的波动率情况排序，波动较小的排在前面。

第三步，成分股选择。根据每个行业分配的名额，选取排名靠前的股票，这样就得到了150只来自各个二级行业的低波动股票，行业结构和中证500指数的行业结构一致。

第四步，分配成分股权重。每个二级行业所占的权重，和这个二级行业在中证500指数中所占的权重相同。在每个二级行业的内部，各股票的权重之比，与其历史波动率的倒数成正比。也就是说，越是波动率低的股票，权重越高。

中证500行业中性低波动指数以2004年12月31日为基准日，以1000点为基准点，成分股每半年调整一次。表2-12所示为该指数的十大成分股情况（此处不作为个股推荐）。

表2-12　中证500行业中性低波动指数前十大成分股

序号	成分股名称	权重（%）	总市值（亿元）
1	和辉光电-U	1.57	336.72
2	航天信息	1.52	197.15
3	东华软件	1.34	197.78
4	江苏有线	1.17	157.02
5	北元集团	1.16	188.28
6	海亮股份	1.12	222.44
7	电投能源	1.11	319.87
8	东方明珠	1.06	256.77
9	苏能股份	1.03	379.58
10	华天科技	1.01	273.02

资料来源：万得资讯，截至2023年12月31日。

除此之外，市场上还有沪深300行业中性低波动指数、中证800行业中性低波动指数等不同的低波动策略指数，设计逻辑也基本相似。

第五类，指数增强策略ETF

指数增强策略ETF是在对指数进行有效跟踪的基础上，通过积极的增强策略，对指数组合进行管理与风险控制，目标是在控制跟踪误差的前提下，争取超越目标指数的投资收益。以下简称其为指数增强ETF。

指数增强ETF的底层逻辑，也是一种被动加主动的投资理财思路，多出来的主动干预与主动操作，就是为了争取超越市场平均水平的超额收益。但指数增强ETF并不会触动指数本身，而是在跟踪指数之外，通过基金经理的专业判断，进行额外的配置操作。因此，作为一种将指数增强策略和ETF交易模式相结合的产品，指数增强ETF是一种剑指超额收益的配置利器。

指数增强ETF所增的"强"，到底强在何处呢？换句话说，这种产品的主动配置操作，主要通过什么途径实现呢？

一般来说有以下几个方面：

第一，基金经理可以根据自己的专业判断，在产品所跟踪指数成分股的范围内，对配置的品种、比例和时机进行主动选择。换句话说，对于一只跟踪沪深300指数的指数增强ETF，基金经理不见得要完全按照沪深300成分股的名单和权重进行配置，看好的股票可以多配，成分股比例的调整也不见得要根据指数成分股的调整被动变化。

第二，基金经理可以根据自己的判断，在所跟踪指数的成分股范围之外，配置一定比例的非成分股。一般来说，普通的股票型ETF投资成分股的比例为90%~95%，剩余部分主要用于应对申购赎回、保持产品的流动性等，但指数增强ETF通常只需要保证用于指数成分股的投资比例不低于80%就可以了。

第三，指数增强ETF可以参与打新，从新股IPO中获取收益，甚至还可以将配置范围扩展到股票之外。比如说，可以参与股指期货投资、国债期货投资、股票期权投资，进一步扩大多元化捕捉市场超额收益的优势。

不过，值得我们注意的是，指数增强 ETF 强化了主动操作，以超额收益为目标，自然也就意味着可能会牺牲部分跟踪指数的准确性。正因为如此，在挑选指数增强 ETF 产品的时候，方法会有些不一样。对于指数增强 ETF 来说，比选 ETF 产品"五看法"中的"看公司、看规模、看费率"等仍有意义。但需要注意的是，因为有专业人士主动操作的存在，指数增强 ETF 相比其他 ETF 的费率要高一些。"看误差"时也不能简单套用，因为这种产品的"增强"本身就意味着误差。

除此之外，挑选一般主动型基金常用方法中的"看历史收益、看基金经理以往表现"，对指数增强 ETF 来说同样值得参考。

跨境 ETF：放眼海外，布局全球

我们再来看看跨境 ETF。这是一种可以帮助我们拓宽投资范围、布局海外资产的 ETF 产品。

何为跨境 ETF？

跨境 ETF，顾名思义，说的是 ETF 产品的投资资产并不局限于中国境内。投资这种产品，就相当于配置了它背后的境外市场指数投资理财产品。跨境 ETF 最常见的类型，是通过 QDII 通道，跟踪境外市场指数等实现全球化资产配置。

QDII 是英文"Qualified Domestic Institutional Investor"的首字母缩写，翻译过来叫"合格的境内机构投资者"。在目前人民币资本项目尚不能完全自由兑换、投资者对境外金融资产进行投资还面临很多限制的情况下，它是一项通道性的制度安排，相当于给我们打开了一条通过机构产品实现境外投资的有效通道。

此外，如果是投资港股市场的跨境 ETF，除了 QDII 通道，还有港股通通道。港股通是指上海证券交易所、深圳证券交易所分别和香港联合交易所有限公司建立技术连接，使得内地与香港投资者可以互相买卖在对方交易所上市的部分股票（见图 2-2）。

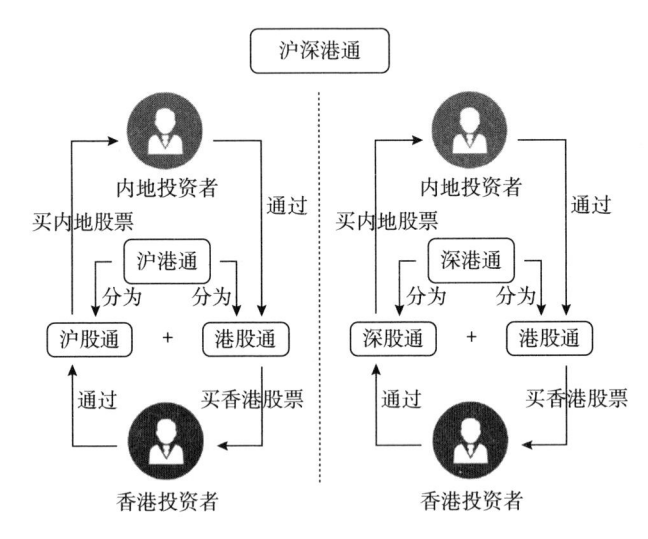

图 2-2 沪深港通交易示意

资料来源：华夏基金。

因为在 A 股市场想要开通"港股通"存在一定门槛，所以对于很多投资者来说，通过基金公司购买港股通基金不失为一种不错的选择。

跨境 ETF 的特点是什么？

第一，它可以帮我们突破在境外寻找优质投资标的所面临的限制，省去了出境开户、跨境入金出金等一系列令人挠头的程序，通过放眼全球、布局全球，在更大的范围内寻找价值洼地、分散投资风险、优化资产配置。第二，境外市场规则复杂，与境内A股市场差异较大。如多数境外市场不存在涨停板、跌停板的限制，加上各类短期投机工具运用频繁，个股价格单日内大幅震荡较为常见。对投资者来说，投资境外个股门槛更高，更需要专业能力与经验。而投资跨境ETF，跟踪境外指数，可以在一定程度上规避风险，或可成为业余投资者和投资小白参与全球资本市场的优质选择之一。此外，在美国这样的成熟市场，ETF作为被动投资，相较于主动投资的优势更为显著，投资跨境ETF也可以帮我们抓住这一优势。

不过，凡事都有两面性，跨境ETF也存在一定局限性。首先，投资境外ETF，我们是花人民币购买境外资产，如果在持有期间，外币兑人民币的汇率出现波动，我们的收益也可能会随之波动。

其次，投资QDII通道的跨境ETF产品，在买入时需要用人民币换成外币，在境外投资、卖出则需要将外币换成人民币，还涉及跨境汇款的问题。虽然这些程序会由机构帮助我们完成，无须我们亲自动手，但仍要占用时间。所以，这类产品的流动性较低，买入确认、赎回确认、资金到账都要慢一些，我们需要特别注意，防止出现着急用钱却无法变现的问题。

再次，投资QDII通道的跨境ETF产品，虽不占用投资者的外汇换汇额度，但对发行该产品的机构来说，它们也需要向国家外管局申请外汇额度。在跨境投资非常火爆、跨境ETF产品受到追捧之时，可能出现产品因额度用完而暂停申购的情况。这种情况下，我们无法在场外市场通过申购买入跨境ETF，只能在场内市场与其他投资者交易。而此时因为跨境 ETF 产品供不应求,场内往往会出现较大溢价。如 2024 年初,部分投资美国市场的跨境 ETF 产品受到追捧,在场内市场出现巨大溢价,部分产品的交易价格相比它所跟踪的指数资产的实际价格,溢价居然在 30% 以上。[①] 这种情况下,盲目追高可能会面临跌价风险。

最后,机构对于跨境 ETF 产品的操作也相对复杂,所以费率一般较高。如果是长期投资,也需要考虑成本因素。

下面我们来看看境外股票市场的典型指数及其对应的 ETF 产品。

1. 标准普尔 500 指数

标准普尔 500 指数是美国股票市场的代表性指数。它的成分股囊括了美国各个市场的 500 家顶尖上市公司,包括 400 只工业股票、40 只公用事业股票、20 只运输业股票和 40 只金融业股票。其选择标准不完全取决于市值,也会考虑产业的代表性,反映了对于技术变迁和产业变化的敏锐关注。

标准普尔 500 指数从 1957 年开始编制,以 1928 年 1 月 3 日为基准日。它的成分股在美国股市的总市值中,占比达到了 80%。这个指数被认为是反映美国大盘股市场乃至整体经济形势的重要指标,也是全球投资市场跟踪的重要标的。

在本书的开始我们曾经说过,"股神"巴菲特多年以来反复推

---

① 资料来源:万得资讯,截至 2024 年 1 月 24 日收盘。

荐的投资理财品种是指数基金，而具体来说，就是跟踪标准普尔500指数的指数基金产品。

2024年，巴菲特的伯克希尔-哈撒韦公司年度股东大会召开前夕，有人曾对此前20年间该公司的股价进行了复盘，发现它在20年间上涨了549.09%，而跟踪标准普尔500指数的SPYCSPDR S&P 500 ETF同期的上涨幅度则达到了563.14%。[1] 这也就是说，哪怕是投资小白，简简单单地投资一个跟踪标准普尔500指数的ETF产品，收益率竟然能够超过"股神"巴菲特。由此可见，巴菲特的推荐还真是没错。

2. 纳斯达克100指数

纳斯达克100指数是美国纳斯达克市场的代表性指数。它的成分股是从纳斯达克的全部上市公司股票中剔除金融股而挑选出的100只优秀股票。它重点关注的是技术类、成长类企业的股票，目前成分股市值中，信息技术行业的市值占比超过了2/3。[2] 我们耳熟能详的苹果、微软、谷歌、亚马逊、英伟达、特斯拉等全球科技巨头，都是该指数的成分股。此外，它的成分股中，也有网易、京东、百度、拼多多等在纳斯达克上市的中国科技型企业（此处不作为个股推荐）。

因为具有偏重高科技、高成长性和创业型企业的特征，这个指

---

[1] 资料来源：万得资讯，统计区间为2004年5月4日~2024年5月3日。
[2] 资料来源：万得资讯，数据截至2023年底。

数的波动幅度，相比标准普尔 500 指数等主板大盘股指数更为剧烈。

3. 恒生系列指数

恒生指数是中国香港市场的代表性股票指数，它是在中国香港市场选择规模最大、流动性最好的 50 只股票形成指数，与 A 股市场存在一定关联，但也有自己的独立性。因此，投资跟踪这一指数的 ETF 产品，也是投资理财优化配置的重要手段。

以此为基础衍生出的一系列关注中国香港股市不同行业、主题的窄基指数，如恒生科技指数、恒生互联网科技业指数、恒生医疗保健指数、恒生中国企业指数等，还有恒生港股通高股息低波动等多样化的策略指数品种，共同构成了完整的指数系列，为投资港股市场提供了丰富选项。

债券、货币 ETF：多重保障，安全优先

前面我们说的 ETF 品种，无论是比较基础的宽基 ETF、行业 ETF，还是相对复杂一些的策略 ETF、指数增强 ETF 和跨境 ETF，它们都有一个共同点，不知道大家有没有发现？

我们来回忆一下 ETF 的概念，它的全称为"交易型开放式指数证券投资基金"，是一种可以在交易所上市交易的指数基金，它跟踪特定指数，以构成指数的有价证券作为投资对象，形成投资组合，目的是取得和指数走势大致相同的投资收益。

再来看看我们介绍过的这几种ETF，尽管它们跟踪的指数各不相同，有的可能还会加一些人为的判断在里面，但有一点可谓万变不离其宗——它们从实质上看，其实都是在通过建立投资组合，实现对股票市场的投资。这也就是说，投资ETF，归根结底是在以一种特殊的方式投资有价证券。

那是不是所有的ETF投资，都是在投资股票呢？并非如此。虽然在ETF和指数基金的一些定义中，将所跟踪指数的范围限定于股票指数，但市场上股票以外的其他有价证券，其实也可以编制出指数。跟踪这些指数，同样可以设计出指数基金和ETF产品，从而实现分散风险、降低成本、跟踪市场平均收益的投资目的。

货币指数ETF（以下简写为货币ETF）和债券指数ETF（以下简写为债券ETF），就属于这样的产品，它们和投资于股票的权益类ETF在实际投资的底层资产上存在差异，属于非权益类ETF。

按照《上海证券交易所ETF行业发展报告（2024）》，2023年底，境内ETF产品的市值总规模为2.05万亿元，其中权益类ETF为1.73万亿元，占比达到84%，剩下的部分就是非权益类ETF，余额大约为0.32万亿元，占比16%。

从总体上看，权益类ETF具有ETF产品的典型特征，是本书关注的重点。不过，非权益类ETF产品也有自己的特色，可以作为我们直接投资非权益类产品的选择之一，就像我们用权益类ETF间接投资个股一样。我们建立投资组合时也可以充分发挥非权益类ETF产品的优势，让我们的投资组合更加多元。

下面我们来看看两种重要的非权益类ETF产品。

一是债券 ETF。它跟踪的是债券类指数，反映的是债券市场的整体走势。

债券的种类非常丰富。按发行主体的不同，可以分为国债、地方政府债、金融债、企业债等不同品种，也可以按照期限的不同进行细分。除了一般的到期还本付息的债券，还有一种比较特殊的品种，叫作可转换债券，简称可转债。如果我们购买了某家上市公司的可转债，便有权按照发行时约定的价格，将债券转换为公司的股票；也可以继续持有到期，等待公司还本付息，或在市场上将其卖出。可转债给了我们一个额外的选择，所以一般情况下，一家公司如果同时发行同样期限的普通债和可转债，可转债的利率要稍微低一些。

对应这些不同的债券品种，我们在市场上可以找到不同的债券指数，细分程度很高。比如上证企业债指数，它选取的样本由在上海证券交易所和深圳证券交易所上市、剩余期限 1 年以上的投资级企业债和公司债构成。

中证可转换债券指数，样本由在上海证券交易所和深圳证券交易所上市的可转债组成。

中证 0－3 年央企 25 债券指数，样本则是由债券存续规模较大的 25 家中央企业公开发行的，且剩余期限 3 年及以下的公司债、企业债和中期票据组成。

除了股票，债券也是一种常见的投资理财工具。一般来说，债券属于固定收益投资品种，到期还本付息，风险较小但收益也较低。无论是机构投资者还是具有一定配置经验的个人投资者，将股票和债券结合起来建立投资组合，都是较为常见的操作。

投资债券 ETF 有何优势呢？首先，债券 ETF 具有分散风险、信息透明、操作简便、交易便捷、成本低廉等多方面优势。它追求的是某一类债券的平均市场收益，所以个别债券出现信用风险问题，或是市场表现出现波动，影响一般是可控的。此外，很多债券品种对个人投资者来说，购买的渠道并不通畅，债券 ETF 可以帮我们解决这个问题，从而丰富投资范围。

因此，通过投资债券 ETF，与权益类 ETF 建立投资组合，是一种较为实用的资产配置策略。尤其是在市场利率下行的周期，投资债券 ETF 往往能够获得比较可观的收益。

这里有一个非常有意思的问题：在市场利率下行周期，存款利率、贷款利率、债券发行的票面利率都会跟着往下走，为什么债券 ETF 的收益反倒会往上走呢？

这是因为，决定债券指数走势和债券 ETF 收益的，不是新发行债券的票面利率高低，而是存量债券相比新发行债券的相对投资价值。是不是有点绕？举个例子就明白了。

比如，去年市场利率是 4%，华华买了一只债券：面额 100 元、票面利率是年息 4%。今年市场进入降息周期，同类企业相同期限的年利率水平降到了 2%。这时华华把手中这只年息 4% 的债券拿出来卖，就会受到买家追捧，最终交易价格会超出 100 元。一般情况下，市场利率走势和债券收益走势是反向的，就是这个道理。

二是货币 ETF。它跟踪的是货币指数，反映的是货币市场投资工具的整体走势，包括期限较短的银行存款、同业存单、央行票据、高等级债券、债券回购等。这些投资品种普遍具有期限较短、流动性较好、风险较低的特征，但收益水平相对较低。

投资货币 ETF，能够充分享受投资货币市场工具的优势。此外，作为 ETF 产品，它追随市场平均水平，受个别产品的波动影响较小，依然可以发挥 ETF 投资分散风险、降低成本的独特优势。市场上的货币 ETF，普遍支持日内无限次 T+0 交易，而且免交易佣金和印花税。

和债券 ETF 相似，货币 ETF 也很适合拿来建立投资组合。除此之外，因为它的安全性、流动性特别好，货币 ETF 还有个特殊应用场景，就是为我们提供一个交易中暂时闲置资金的投资渠道。比如我们刚刚减持一个产品，但是还未挑选新的心仪产品或没有到预想的买入时机，我们就可以把钱暂时投资于货币 ETF。

商品 ETF：多姿多彩，各显神通

除了债券 ETF、货币 ETF，非权益类 ETF 产品还有一个大类，统称为商品 ETF。它所跟踪的是市场上大宗商品的现货指数或期货指数，目的是获得某一类大宗商品的平均收益。

在所有的 ETF 产品中，这是一个相对小众的门类，但它包含的产品十分丰富。石油煤炭等能源化工类商品、钢铁等黑色金属类商品、铜铅锌等有色金属类商品、黄金铂金等贵金属等，都有对应的商品价格指数，其中相当一部分在市场上都能找到跟踪这一指数变化的 ETF 产品。

以黄金为例，近期黄金价格经历了一轮上涨，黄金投资也进入了我们的视线。除直接购买实物黄金外，也可以在投资市场购买与黄金相关的产品，但通常面临一定的门槛。在这种情况下，投资黄金ETF，就成了一种比较简便的渠道。ETF产品与生俱来的分散风险等优势，对于黄金ETF等商品ETF而言也都是成立的。

当然，因为商品ETF的价格走势跟踪标的是商品现货或期货的走势，它相对来说还是要复杂一些，具有一定的专业门槛。同时，大宗商品现货或期货交易需要面对的特殊风险，如流动性相对较低、极端情况下可能无法成交等，也需要我们进行充分的考量。

另外，因为商品本身不像股票、债券等金融产品，在持有的过程中不会产生收益，所以一般来说，一动不动、单纯进行长期持有的性价比较低，更适宜把握周期脉搏，在周期上行阶段追求较好收益。

以黄金ETF华夏为例，它就是一只典型的跟踪上海黄金交易所挂牌交易的黄金现货合约的商品ETF产品。[1]

---

[1] 黄金ETF华夏为商品基金，90%以上的基金资产投资于国内黄金现货合约。黄金现货合约不同于股票、债券等，其预期风险和预期收益不同于股票基金、混合基金、债券基金和货币市场基金。黄金ETF华夏实行T+0回转交易机制，资金运作周期缩短，可能带来短期波动风险。
特有风险提示：上海黄金交易所黄金现货市场投资风险，基金份额二级市场折溢价风险，参与黄金现货延期交收合约的风险，参与黄金出借的风险，申购赎回清单差错风险，参考IOPV（基金份额参考净值）决策和IOPV计算错误的风险，退市风险，投资者认购/申购失败的风险，投资者赎回失败的风险，代理买卖及清算交收的顺延风险，基金份额赎回对价的变现风险，基金收益分配后基金份额净值低于面值的风险等。

到这里，主要的 ETF 品种就基本介绍完了。希望大家都能了解和掌握这些具有跨品种组合特性的 ETF，以及将不同的 ETF 产品组合搭配后形成的投资组合，让我们的投资武器库变得更加丰富。

第三章

进阶：如何投资 ETF

如何看懂 ETF：用好估值这把尺

在第二章中，我们已经对 ETF 进行了全方位的介绍，相信大家对 ETF 有了深刻的认识。下面我们将进一步讲解如何投资 ETF，帮助大家一步步靠近自己的投资目标。

首先我们需要解决的问题是——如何看懂 ETF 产品并探寻它的本质，这是选择具体产品的必要前提。

如何看懂 ETF 背后的指数要素？

前面我们说过，ETF 可以分为权益类 ETF 和非权益类 ETF 两个大类。其中，跟踪股票指数表现的权益类 ETF 是最常见的 ETF，也是我们一起学习和掌握的重点。

按照上一章介绍的分类体系，权益类 ETF 主要包括宽基 ETF、行业/主题 ETF、跨境 ETF 以及策略 ETF。它们所跟踪的股票指数各有特点，但总体上可以概括出四方面的基本要素。

第一，样本空间要素。这是股票指数的编制基础，划定了指数选取样本的总体范围，确定了样本空间，就确定了这个股票指数的总体基调。比如跟踪境内股票表现的宽基指数，一般都是以沪深两市的股票为样本空间，分为仅覆盖沪市、仅覆盖深市和兼顾沪深两市三种情况。

第二，选样方法要素。这是从样本空间中选取股票的筛选逻辑，决定了究竟哪些股票能够成为指数的成分股。前面我们介绍过，宽基 ETF 和行业 ETF 是两种最基本的 ETF 产品，两者最重要的区别，就在于所跟踪指数选样方法的差异。宽基指数在样本空间中选择成分股时，不限定于特定行业或者特定主题。行业/主题指数则是参照行业分类或者主题分类，选择特定行业/主题的股票品种作为指数的成分股。

第三，加权方式要素。这是对指数不同成分股的权重进行分配的具体规则。市场中最为常见的加权方式是市值加权，也就是根据股票的总市值或者流通股市值作为加权依据。宽基 ETF 和行业 ETF 所跟踪的指数，一般都是按照市值加权方式编制的。但是，市值加权也有短板——它天然偏重于大市值的大盘股，而且，在某些股票市值高估的情况下，会造成指数的偏离。所以，市场上出现了一种通过基本面进行加权的方法，这种加权方式不考虑股票的市值大小，而是根据股票的基本面情况来分配权重，基本面更好的股票权重更高。基本面数据包括公司的财务报表、市场占有率、经营管理体制等。基本面加权的优点是能够排除股票价格过高造成的影响，提高投资效率。

比较有代表性的是根据股票分红情况加权的红利策略指数，成分股向股东进行现金分红的金额越大、稳定性越强，在指数中的权重就越大。基本面策略指数则是根据股票基本面情况加权，通过设定与上市公司基本面相关的一系列重要指标对成分股进行打分加总排序，排名越靠前权重越大。

第四，调整方式要素。这是对指数成分股进行调整的规则。指数的成分股名单和权重分配不是一成不变的，随着市场环境的变化，原先的成分股可能会变得不再符合指数设定的门槛，而新的股票则有可能越过门槛，满足成为成分股的条件。为了应对这种情况，就必须通过一定的规则调整成分股的名单和权重，让指数的成分股选择和权重分配尽可能与其设计逻辑相吻合。

一般来说，股票指数常见的调整频率是一年两次，同时，很多指数会设定一个调整范围，每次进出的成分股比例最多不超过5%或10%，以免指数在短期内出现大幅波动，增加分析指数表现的难度。不过，部分新兴指数也会将调整频率提高到一年四次，让指数的迭代更加高效。

除了前文中的四个要素，还需要了解一下交易代码。为了方便我们跟踪指数的长期表现，每一个指数和股票一样，都有一个独立的代码，相当于指数的身份证号，直接搜索这串数字，就能找到关于对应指数的各种资讯。

需要注意的是，某些横跨多个市场的指数在不同市场可能拥有不同代码。例如，沪深300指数在沪市和深市各有一个代码，通过这两个代码都可以查询指数相关信息。

表3-1列示了全球主要股票指数的代码情况。

表3-1 主要股票指数及代码

主要市场	指数名称	万得资讯指数代码
美国	道琼斯工业指数	DJI. GI
	标普500	SPX. GI
	纳斯达克100指数	NDX. GI
欧洲	英国富时100	FTSE. GI
	法国CAC40	FCHI. GI
	德国DAX	GDAXI. GI
亚太	日经225	N225. GI
	韩国综合指数	KS11. GI
	恒生指数	HSI. HI
A股	上证50	000016. SH
	沪深300	000300. SH 399300. SZ
	中证500	000905. SH 399905. SZ
	中证1000	000852. SH 399852. SZ
	创业板指	399006. SZ
	科创50	000688. SH

资料来源：万得资讯。

下面，还是以沪深300指数为例，我们通过梳理前文提到的"四大要素"，就能得到一张指数要素清单，和一个人的档案类似，通过它能够直观了解到指数的基本情况（见表3-2）。

表 3-2 股票指数要素（沪深 300）

要素	内容
样本空间	由同时满足以下条件的非 ST、*ST 沪深 A 股和红筹企业发行的存托凭证组成： • 科创板证券、创业板证券：上市时间超过一年 • 其他证券：上市时间超过一个季度，除非该证券自上市以来日均总市值排在前 30 位
选样方法	按照以下方法选择经营状况良好、无违法违规事件、财务报告无重大问题、证券价格无明显异常波动或市场操纵的公司： • 对样本空间内证券按照过去一年的日均成交金额由高到低排名，剔除排名后 50% 的证券 • 对样本空间内剩余证券，按照过去一年的日均总市值由高到低排名，选取前 300 名的证券作为指数样本
加权方式	市值加权，指数计算公式为： $$报告期指数 = \frac{报告期样本的调整市值}{除数} \times 1000$$ 其中，调整市值 = $\sum$（证券价格 × 调整股本数）
调整方式	• 依据样本稳定性和动态跟踪相结合的原则，每半年审核一次沪深 300 指数样本，并根据审核结果调整指数样本 • 一般在每年 5 月和 11 月的下旬审核沪深 300 指数样本，样本调整实施时间分别为每年 6 月和 12 月的第二个星期五的下一交易日 • 定期调整指数样本时，每次调整数量比例一般不超过 10% • 如果沪深 300 指数老样本日均成交金额在样本空间中排名前 60%，则参与下一步日均总市值的排名
交易代码	000300.SH，399300.SZ

资料来源：华夏基金。

如何用好估值工具？

对 ETF 产品的价值进行评估和衡量，需要使用估值工具，在了解估值工具之前，我们需要先知道什么是估值。

按照主流的投资理论，特别是价值投资理论，估值其实就是对投资标的的内在价值进行评估，再作比较，以此来判定它当前在市场上的交易价格到底是便宜还是高估，然后就可以将这个比较结果作为接下来投资行为的一个判断依据。

这个对内在价值进行评估的过程，就叫估值。估值是帮助我们评估投资可行性的一把尺子，对ETF而言，估值其实是透过它所跟踪的指数，对它背后的一篮子股票进行估值。对于ETF投资而言，这是一把非常好用的尺子，也是我们投资之路上的一个重要工具。

下面我们来介绍最常用也最重要的三个估值指标。需要注意的是，由于指数的估值实际上是指数成分股的整体估值，接下来我们就直接以股票估值为例进行说明。

1. 市盈率（PE）

市盈率是股票价格（price）和盈利（earning）之间的比率。这是最基本的估值指标，也是判断上市公司股票价值的基本工具。

这个指标有两种算法，一是用每一股的股票价格除以每一股的盈利，二是用公司的总市值除以净利润总额。两者计算结果一致。

为什么说市盈率指标是基本工具？主要是因为按照价值投资理念，这个指标的内在逻辑和我们购买股票的内在动因是一脉相承、无缝对接的。想想看，股票的本质是什么？是对上市公司的一份所有权。那么我们为什么要买股票，用手中的真金白银换这一份所有权呢？是因为我们想按照这个份额，获得上市公司未来可能存在的一份盈利。因此，股价与每股盈利之间的比值其实就代表着我们愿意为这份盈利付出多大的代价。

实战小案例

市盈率意味着什么?

A公司发行1亿股股票,全部上市流通,每股1元,市值就是1亿元。华华买了1万股,花销1万元,获得了A公司万分之一的股权和收益权。

一年过去,A公司盈利1000万元,相当于每股盈利0.1元。不管是分红还是留存,1000万元利润里面的万分之一,也就是1000元,是属于华华的。

我们来算一下,用股价1元除以每股盈利0.1元,得到10,这就是A公司的市盈率。这意味着什么呢?意味着,华华愿意以10倍的对价,获得A公司的盈利分配权。或者说,在每年盈利稳定的情况下,华华愿意接受10年的投资回收周期(见表3-3)。

表3-3 市盈率的简单示例

股价	盈利	市盈率
1元	0.1元	10

市盈率这个指标的变化情况与股价和公司盈利息息相关,如果盈利不变,股价大幅上升,那就意味着市盈率上升,反之则市盈率会下降。市盈率上升到一定程度时会大幅偏离合理水平,如果公司经营并未出现明显变化,此时买入就存在溢价过高的风险,但如果在市盈率相对较低的情况下买入,后期就可能存在上涨的机会。

一般来说，对于处于成熟发展阶段、业绩比较稳定、股票流通性也比较好的上市公司而言，市盈率作为估值方法，参考意义是比较大的。而在某些情况下，市盈率的参考意义则相对有限。

一是强周期行业。例如钢铁、煤炭、航空行业等，它们的盈利水平受经济周期影响太大，容易出现所谓的"市盈率陷阱"。还有证券行业，牛市和熊市的盈利可能相差数倍，牛市时盈利大增，在股价没有上涨到位的情况下，有可能出现市盈率显著下降的局面，给我们带来一种市盈率低估的错觉。当我们大张旗鼓杀入，碰到牛熊转换，利润陡降，市盈率被打回原形，就会有被套牢的风险。

二是成长性企业。在早期发展阶段，成长性企业会选择迅速扩张，以占领更多的市场份额，同步探索适合自己的商业模式的盈利办法。如此一来，企业在现阶段的利润可能非常微薄，甚至可能连续数年处于亏损状态，在这种情况下，估算市盈率自然就没有太大意义了。

2. 市净率（PB）

市净率是股票价格（price）与净资产（book value）之间的比率。净资产是个会计上的概念，又称账面价值或所有者权益，是一家公司的总资产减去负债之后剩下的净额部分，用通俗的话来说，也就是真正属于这家公司的全部财产，借来的都不算。

市净率是一个重要的估值指标。和市盈率一样，市净率也有两种算法：一是按股来算，用每股的价格除以每股所对应的净资产；

二是加总来算，用公司的总市值除以净资产总额。

市净率这个指标怎么用？显然，一家公司的市净率越低，估值水平也就越低，反之亦然。其中，1 这个值，是一个值得注意的重要分界点。对一家上市公司来说，市净率低于 1 意味着什么呢？意味着如果我们拿钱买下这家公司所有的股票，成为这家公司的唯一所有者，都不用考虑盈利能力、市场占有率、发展前景等等，光是这家公司的所有者权益，它账面上属于它自己的财产，就已经超过了我们投入的成本。这就相当于，我们得到了打折买入公司净资产的机会。当然，真实的世界没有这么简单。账面上的净资产，包括现金、债权、土地、设备、无形资产等各种资产形式，并不代表我们在将它们变现的时候，就一定能获得账面数额的真金白银。

前面我们说过，市盈率指标不太适用于强周期行业，因为这些行业的盈利水平受经济周期影响的波动过于剧烈。而这种情况，恰恰是市净率指标的用武之地。因为即便是强周期行业，企业的所有者权益变化也是相对平滑的，一般不会在短期内剧烈震荡。

3. 市销率（PS）

市销率是股票价格（price）与营业收入或销售额（sales）之间的比率。这个指标非常好理解，算法和市盈率逻辑相似，同样是两种，在此不再赘述。

对于一家公司来说，要分析和判断它的业绩，同时考虑收入和支出的利润指标，显然比单纯考虑收入指标更能说明问题。这也是为什么要在市盈率之外单设一个市销率。

前面说过，市盈率指标不太适用的情况，除了强周期行业，还有成长性企业。而市销率这把尺子恰恰可以填补这一空白。对成长型企业，特别是科技型、创业型企业来说，在早期阶段需要大量投入，盈利水平常常比较低，甚至处于亏损状态，这种做法是为了迅速抢占市场份额、形成规模效应。而规模效应到底成绩如何，往往会通过销售额的增长情况反映出来，这样一来，市销率指标正好就可以发挥作用了。

需要注意的是，市盈率、市净率、市销率这三个指标，虽然说的是个股，但也可以用于股票指数的估值，只需要将股票指数成分股的相关指标算出来，然后加权求和就行了。在实战中也不需要这么麻烦，发布指数的官方平台、专业金融网站与金融终端等渠道，都可以直接为我们提供主要指数的估值指标信息（见图3-1）。

说完这三个最重要的估值指标，再来说说如何使用这些指标进行估值操作。

前面我们说过，在估值的时候，单看一只股票的股价是没有意义的。其实，单看一只股票或是一个指数的估值指标结果，意义也不太大，它的价值主要体现在比较中。

估值比较的意义是帮助我们判断这个指数的市值水平是否处于合理区间，即是否存在高估或者低估的情况。显然，出现明显高估往往意味着适合卖出、不适合买进，出现低估的情况则正好相反。

那么，如何进行估值比较呢？这是一门很专业的技术，可以做

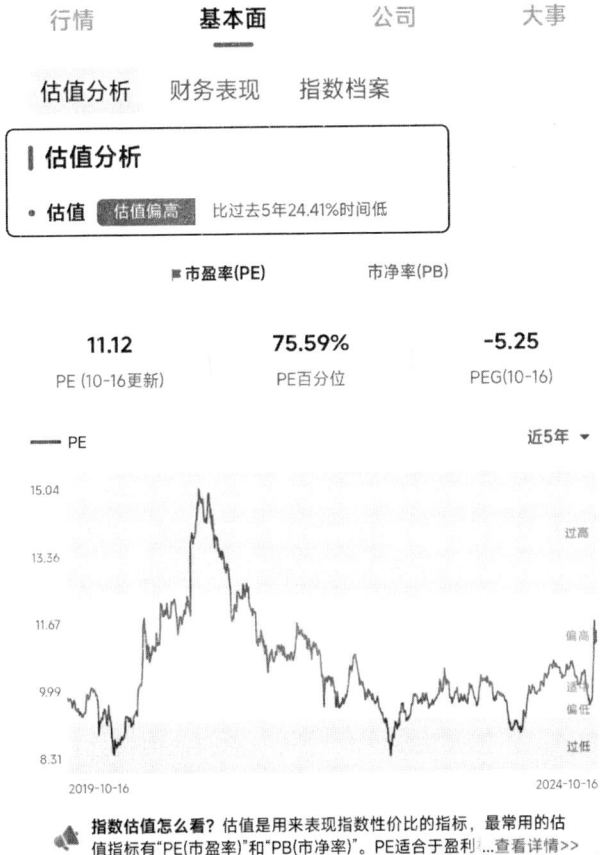

图 3-1　上证 50 指数估值走势

资料来源：红色火箭小程序，以上证 50 指数为例，数据仅做示例参考，不代表任何投资建议。

非常精深的钻研。不过，实战中有两种最基本的比较方法，对我们来说还是比较容易学习掌握的。

第一是横向比较法。它是将指数的某一个估值指标，在同一时间点与其他具有可比性的指数进行对比。

实战小案例

如何运用横向比较法挑选指数？

夏夏非常看好医疗行业，想投资相关的行业指数 ETF，千挑万选，选出了 A 和 B 两个医疗行业指数。

医疗行业属于"长坡厚雪"型的行业，周期性波动并不剧烈，大多数上市公司也不属于成长型企业，所以可以直接选择市盈率这个最基本的估值指标。

夏夏找到了 A 和 B 两个指数的市盈率信息，在同一时间，A 指数的市盈率为 12，B 指数的市盈率则是 9，差别还是比较明显。如果不考虑其他因素，通过横向比较可以大致推断，此时此刻，B 指数对应的 ETF 产品投资价值要高一些。

第二则是纵向比较法。它是对同一指数估值指标在不同时间的表现进行纵向比较。

纵向指标有何意义呢？它可以帮我们判断这个指数估值的变化趋势，但它更具有实用性的价值是帮我们确定这个指数的估值所处区间，我们可以观察数据在一段较长时间之内的变化范围，然后在这个范围区间内标记百分位点的分布变化，继而衡量出指数当前的估值表现，以及在其历史变动范围中所处的位置。

比较常见的做法是通过设定 20%、50%、80% 三个百分位点，分别对应估值指标的机会值、中位值及危险值。如果估值指标位于中位值之下，说明越接近机会值，此时指数反弹向上的可能性就会加大，等到进入机会值下方区间，投资价值就比较大了，如果相反则说明当前投资性价比相对较低。

实战小案例

如何针对上证 50 指数进行纵向比较？

以上证 50 指数在 2015 年 1 月 1 日至 2023 年 12 月 31 日之间的历史表现为例，在 9 年时间里，其市盈率的分布范围为 8.46～14.93。如果按照 20%、50% 和 80% 设定百分位点，机会值、中位值和危险值分别是 9.51、10.19 和 11.51。

在这种情况下，再来看上证 50 指数市盈率的现实情况，如果目前在 10.19 下方，越接近 9.51 的机会值，就越有投资价值；如果低于 9.51，投资价值可以说已经比较大了，反过来也说明当前上证 50 指数的估值位置偏高，是否入场需要仔细斟酌（见图 3-2）。

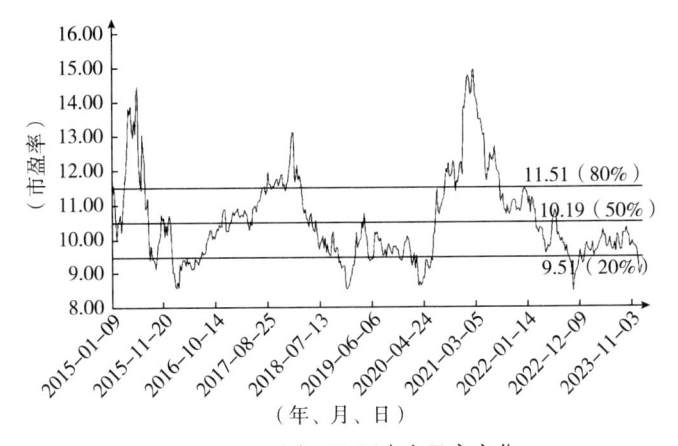

图 3-2　上证 50 历史市盈率变化

资料来源：万得资讯，截至 2023 年 12 月 31 日。

简单归纳一下，横向比较法更适合比较不同的指数，帮助我们对不同指数及跟踪该指数的 ETF 产品做出选择；纵向比较法则有助于回顾同一个指数的历史走势，以此来判断买进或卖出的时机。一个偏重于选品，另一个偏重于择时，在实战中将二者结合起来灵活运用，才能更好地帮助我们把估值这把尺子用好，进而做出更加科学的投资决策。

如何看准资金流向，做出更好决策？

除了用好估值工具，我们在进行 ETF 投资决策时，还可以通过分析资金流向进行辅助判断。前面我们说过，股票投资的基本流派，除了基本面分析派，还有技术面分析派，而判断资金流向就是一种重要的技术面分析方法，它对 ETF 投资也是有帮助的。

指数资金流向看什么？看的是在一段时间内，指数所代表的某个市场、某个行业或某一类上市公司资金流入和流出的情况。一般来说，投资者倾向于跟随资金净流入的方向，而厌恶资金大幅净流出的地方。那要怎样判断资金流向呢？一般来说，可以参考下面这两个重要指标。

第一，资金流入流出总量。通过比较资金流入和流出的总量，可以判断市场整体的资金动向趋势。流入量大于流出量意味着资金净流入，这在一定程度上反映了乐观情绪，机会会更多一些。

第二，主力资金动向。它通常指机构投资者，特别是银行、保险公司、社保基金等大型机构投资者的资金流向。这些机构资金量大，买卖行为影响较大，还自带示范效应，往往会直接影响市场价格。跟踪主力资金的流入和流出，是我们了解市场热点、判断大型机构策略的一条捷径。

如何遴选 ETF：没有最好，只有更适合

ETF 堪称投资市场的"五边形战士"，是目前比较适合个人投资者进行投资理财和资产配置的工具，因此，它成了风靡全球的投资潮流，也是目前境内市场最富生机活力的投资理财产品之一。《上海证券交易所 ETF 行业发展报告（2024）》显示，截至 2023 年底，境内交易所挂牌上市的 ETF 产品数量已经达到 889 只。那么问题来了，面对种类各异、数量繁多的 ETF 产品，我们该如何进行挑选呢？

当然，投资理财产品的选择，永远是没有最好，只有更适合。在令人眼花缭乱的 ETF 中，我们并不是要选出"最好"的产品，而是要根据自己的投资目的、风险偏好、资金水平、专业水准、时间精力等个性化的实际情况，挑出"更适合"的产品。

具体的挑选过程分成两步：一是遴选适合我们的 ETF 产品种类，二是在同类 ETF 中挑选更为合适的具体产品。

如何选择合适的 ETF 产品种类

我们在上一章介绍 ETF 主要品种的时候，对每一个品种的具体

特性做过一些分析。下面我们来看看，每一种 ETF 产品究竟适合什么样的场景，更适宜匹配什么样的投资者。

1. 宽基 ETF

宽基 ETF 是较典型的 ETF，它紧跟市场走势、追求平均收益、分散风险的特性较为突出，对主观判断和人为操作水平的依赖性较小，投资的操作难度是比较低的。因此，它是更为适合入门玩家、投资小白的 ETF 品种，对专业经验不足、时间精力有限、不能做到坚持盯盘的投资者来说很有意义。

但也不是说进阶投资者就不适合投资宽基指数，宽基指数适宜进行长期配置和定投，因此它很适合拿来作为长期资产组合的底仓，帮助经验相对丰富的投资者获取市场平均收益水准。

2. 行业 ETF

行业 ETF 因为所跟踪行业的不同，彼此之间表现差异较为明显，需要我们在选择前对行业特性、行业周期性等因素做一些了解和研究。同时，选择进入哪个行业其实也体现了一种对资产组合的主动判断和干预。相比宽基 ETF，行业 ETF 的主动性要强一些，因此，它需要我们具备一定的行业分析能力，能够大致对不同行业的特点和周期位置进行判断，从而提高行业选择水平。

另外，某些行业的波动幅度会远远大于大盘的整体波幅，这也需要我们拥有一定的抗风险能力。

3. 主题 ETF

主题 ETF 和行业 ETF 有一些相似性，需要我们对不同经济门类的发展状况和前景有一定判断，同时具备一定的风险承受能力。此外，主题的轮动速度也是无法准确判断的，假如今天有一个登月成功的新闻，可能带动一波与航空航天主题相关的行情，但几天之后新闻热度消失，这波行情可能也就过去了。所以，我们需要保持对市场热点的密切关注，及时把握阶段性的主题投资机会。

4. 策略 ETF

相比宽基 ETF、行业 ETF 和主题 ETF，策略 ETF 产品的主动性更强，对我们投资经验的要求更高一些。它需要我们对不同策略的特点和对应指数设计规则有所了解，在此基础上匹配自己的投资风格，去争取平均收益之外的一部分超额收益，所以，它比较适合进阶玩家。但对于普通投资者来说，将策略 ETF 作为建立资产组合时丰富配置品种的一类产品也是很不错的。

5. 指数增强 ETF

相比上面的各种 ETF，指数增强 ETF 产品的主动性是最强的，甚至可以在某种程度上将它视为 ETF 与主动型基金的组合。因此，它更适合对超额收益有着比较强烈的需求、具备较强抗风险能力的进阶玩家。

6. 跨境 ETF

如果我们希望在全球市场进行资产配置，分享不同市场的增长成果，同时减少直接投资境外股市和其他理财产品的种种不便，跨境 ETF 是我们的明智之选。即便我们的主场放在境内，在资产规模较大的情况下，建立一个包括跨境 ETF 在内的资产配置组合，仍然是个不错的方案。不过，我们应该对跨境 ETF 可能面临的流动性风险、汇率风险、额度风险与成本压力也有所了解。

小贴士

跨境 ETF 的特有风险

虽然跨境 ETF 为投资境外资产提供了方便渠道，但它也有自己的特殊风险，投资者需要注意。

1. 流动性风险。跨境 ETF 的完整申购过程，需要先用人民币兑换外币，向境外汇款，完成境外投资；赎回则正好相反。这个过程由机构完成操作，不用我们亲自动手，但因为它涉及外汇买卖、跨境汇款等环节，所以我们仍然需要注意其中的时间成本。另外，一般情况下，跨境 ETF 的申购赎回耗时会显著长于境内 ETF 品种，这个过程中存在的不确定因素也要特别注意。

2. 汇率风险。投资跨境 ETF 需要考虑汇率的波动。假如我们在买入或申购的时候，境外货币的汇率较低，而卖出或赎回时，外币出现了升值，那我们不仅可以获得产品本身增值的收益，还可以从汇率变化中获得收益。但是，如果在这一过程中人民币升值，外币贬值，则会导致收益上的损失。

3. 额度风险。投资跨境 ETF 无须占用我们自己的外汇换汇额度，但是对于发行产品的机构来说则不然，跨境 ETF 所用的外汇额度全部来自机构。如果机构的已有额度用完了，基金就只能暂停申购。所以，在跨境 ETF 受到市场追捧的情况下，往往会出现热门产品暂停申购的情况。此时投资者可能会大量转向场内市场买入，这样就会导致跨境 ETF 的交易价格相比净值表现出现大幅度溢价，在这种情况下，如果盲目追高买入，可能会在溢价减少或消失时面临损失。

4. 成本压力。机构对跨境 ETF 进行的后台操作与服务比较复杂，因此跨境 ETF 的费率通常情况下相对较高，这一点也需要注意。

7. 债券 ETF 和货币 ETF

作为主打固定收益市场的非权益类 ETF 产品，这两类产品都具有风险相对较小、波幅相对平缓、表现相对稳健的特点，很适合具有强烈风险厌恶特征的投资者。当然，如果我们想建立一个品种比较丰富的资产组合，除了权益类 ETF，债券 ETF 和货币 ETF 产品也是不错的补充。

8. 商品 ETF

商品 ETF 产品挂钩大宗商品的现货或期货价格指数，它也属于非权益类 ETF 产品，但其特性和债券、货币 ETF 差别很大。它适合作为直接投资大宗商品市场的替代，因为商品现货和期货市场是比较复杂的，所以它对投资者的专业水平和投资经验有一定要求，同时对风险承受能力的要求也更高。

以上是对各类主要 ETF 产品匹配场景与所适合投资者的简要介绍。对我们来说，首先要对自己的各种特性，包括投资目标、资金规模、经验能力、时间精力和风险承受能力等有一个准确而清醒的认识；然后，在了解不同种类 ETF 产品的基础上，做出适合自己的选择。

举个例子，假设我现在是一个投资经验较少、没有多少时间和精力专门盯盘、不愿意承受太大风险，但对行业与经济热点有一定了解的上班族，那么选择以宽基 ETF 为主，搭配一部分比较看好的行业或者主题 ETF 作为自己的投资组合就比较合适。

如何在同类 ETF 中优中选优？

搞清楚自己适合哪一类 ETF，并不意味着问题就全部解决了。因为 ETF 市场蓬勃兴旺，产品层出不穷，我们经常会遇到同一个指数对应很多 ETF 产品的情况，在这种情况下又该如何做出选择呢？

前面我们在讨论宽基 ETF 的比选时介绍过"五看法"——看公司、看规模、看误差、看流动性、看费率，这套方法不仅适用于宽基 ETF，也适用于各种 ETF 产品的同类比选。

具体地说，看公司，是为了选择具有强大管理能力和丰富经验的基金公司，我们可以通过考察团队、分析其资产管理规模、财务报表数据等，进行综合判断。一般来说，大公司在策略产品开发、指数增强产品设计和投顾服务等方面，表现也会更好一些，能够为我们带来更多的资产增值机会。

看规模，是为了规避 ETF 规模太小可能导致的清盘风险，同时，ETF 规模较大，意味着产品流动性较好，买卖时会更加便利，不至于出现找不到交易对手或是交易带来价格巨幅波动的问题。

看误差，是为了选择追踪标的指数比较精确、误差比较小的 ETF 产品。如果一只产品追踪误差过大，这只 ETF 就成了"挂羊头卖狗肉"，背离了产品的初衷。

看流动性，对交易较为频繁的投资者来说，流动性是一个很重要的参考指标，尤其是在大额资金进出方面。一般来说，日均成交额较高的 ETF 能更容易以接近市场价格买入或卖出，继而降低买卖价差带来的交易成本。

看费用，是为了选择综合费率最低的产品，这样可以将 ETF 投资的成本优势发挥到极致。不要小看这一点点费用的差别，如果我们长期投资、反复操作，不同产品的费用差异将会表现为巨大的成本差异，最终对我们实际到手的投资收益产生影响。

上面的方法适用于各种 ETF 产品，特别是权益类 ETF 产品。需要注意的是，指数增强 ETF 本身包含较多的量化模型增强操作，不单纯追求追踪和复刻指数表现。对这类产品而言，不能笼统地看误差，只能参考其被动追踪指数走势那一部分的误差情况。对于产品的整体表现，可以参考一般主动型基金的比选方法，包括看历史收益、看基金经理等，这也是此类产品的特殊性所在。

如何购买和交易 ETF：不仅要省，而且要快

ETF 产品是投资理财市场的"五边形战士"，优势很多，其中买卖便捷、成本低廉是非常重要的优点。如果我们已经准备好购买 ETF，要如何完成交易，才能将这些优点发挥出来呢？下面我们就来聊一聊 ETF 购买和交易的实际操作方法。

场内交易和场外交易的区别与联系

ETF 是在交易所上市交易的开放型指数基金，但它并非只能在场内交易，也可以在场外交易。这里的"场"，通常是指证券交易市场，比如上交所、深交所等。在场内市场交易 ETF，也就是在二级市场买卖 ETF，与买卖股票非常相似。而在场外交易，则是指在证券交易市场外，也就是一级市场，进行申购和赎回，这是 ETF 与其他基金相比的一个重要特性，能让我们更加方便、灵活地进行交易。

先说说场内交易，简单来说就是和市场的其他参与者进行交易。因此，在交易 ETF 前，我们一般需要在证券公司开立 A 股账户或者证券投资基金账户。如果已经有了账户，可以直接使用，不用再单独开立。

在交易规则方面，和股票一样，我们通过证券公司委托下单，下单过程也是敲击一个六位代码。证券公司将我们所委托的信息发

送给交易所，交易所通过交易系统进行"撮合"。"撮合"成功之后，我们实现了买入，另一位投资者实现了卖出。这种场内交易，相当于 ETF 产品份额在不同投资者之间进行流转，并不会增减 ETF 产品的份额数量，如图 3-3 所示。

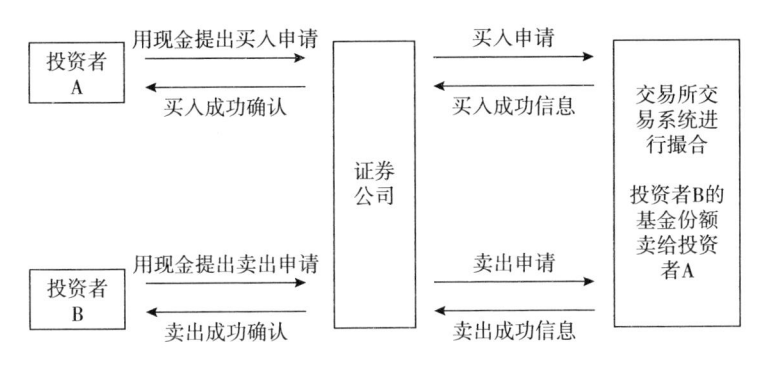

图 3-3 ETF 场内市场交易示意

资料来源：华夏基金。

交易时间一般为工作日上午 9：00~11：30、下午 1：00~3：00。通过竞价交易买入 ETF，申报数量应当为 100 份或其整数倍。卖出 ETF 时，余额不足 100 份部分，应当一次性申报卖出。最小的价格变动单位为 0.001 元。与主板相关的 ETF 涨跌幅限制比例为 10%，与创业板和科创板相关的 ETF 涨跌幅限制比例为 20%。

在交易周期方面，投资 A 股的 ETF 产品为 T+1 交易，也就是当天买入的份额第二个交易日才能卖出，当天卖出的资金须在下个交易日才能取出。但跨境 ETF、债券 ETF、商品 ETF、货币 ETF 等特殊品种为 T+0 交易，当日买入的份额当日就可以卖出，同时在二级市场卖出的资金当日可用、次日可取，进一步提高了资金的利用效率。不过，运用同一笔资金在一天内多次买卖，仍需考虑过度频繁交易的成本问题，注意超短线交易思维可能带来的弊端。

在交易成本方面，ETF的佣金普遍不高于股票交易，且不需要缴纳印花税，可以说将低成本费用的优势发挥得淋漓尽致。

再来说说场外交易，就是在证券交易所之外的场所进行交易，这些场所包括基金公司直销平台、银行、第三方代销平台等。在场外市场交易ETF，其实就是在一级市场进行ETF的申购和赎回，是和发行ETF的基金公司之间的交易过程。

与一般开放式基金的申购与赎回相比，ETF的申购与赎回要相对复杂一些，它不是通过现金直接申赎。在申购的时候，理论上，我们需要按照ETF成分股的构成和比例，逐一买齐所有成分股，然后向基金公司申请换购相应的ETF份额。赎回时则正好相反，我们将手中的ETF份额，兑换成相应的成分股股票。申购和赎回的门槛相对来说也较高，最小申赎单位一般为几十万份，甚至有高达数百万份的，对于资金量有限的个人投资者来说存在一定难度，具体情况如图3-4所示。

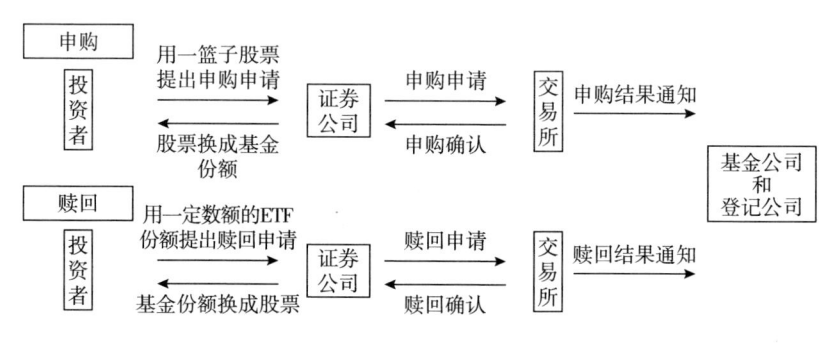

图3-4 ETF场外市场申赎示意

资料来源：华夏基金。

表3-4展示了ETF基金申赎交易要素。

表3-4　ETF基金申赎交易要素

交易时间	交易所规定的交易时间一般为周一至周五的上午9：30~11：30和下午1：00~3：00（节假日除外）
申赎时间	通常与二级市场交易时间一致（但跨境和商品等特殊ETF例外）
交易地点	具备交易所会员资格的证券公司
申赎地点	具备申赎代办资格的交易所会员
证券账户	需要开立证券交易所A股账户或基金账户
交易单位	买卖最低为1手（1手为100份基金份额）
申赎单位	构成ETF一个篮子组合的最小申赎单位，一般为几十万份或几百万份
交易价格	二级市场买卖价格（类同股票）
最小价格变动单位	0.001元
申赎价格	当日基金净值
涨跌幅限制	10%（投资创业板、科创板板块的ETF涨跌幅为20%）
交易费用	无印花税，普遍佣金不高于股票交易
二级市场交易的清算交收	T日交易，T+1日交收（债券ETF和商品ETF可T+0交易）
申赎交易的清算交收	单市场股票、跨市场、债券、商品等ETF均不一致，参照各类ETF的基金合同、招募说明书规定

资料来源：华夏基金。

ETF既可以在场内交易（二级市场买卖），也可以在场外交易（一级市场申赎），那两个市场之间有什么联系呢？图3-5展示了二级市场买卖和一级市场申赎之间的关联和差异。

咱们再来补充一点进阶知识。和股票的交易类似，ETF进行二级市场交易时，价格由供需关系决定。在一级市场申购赎回，则是

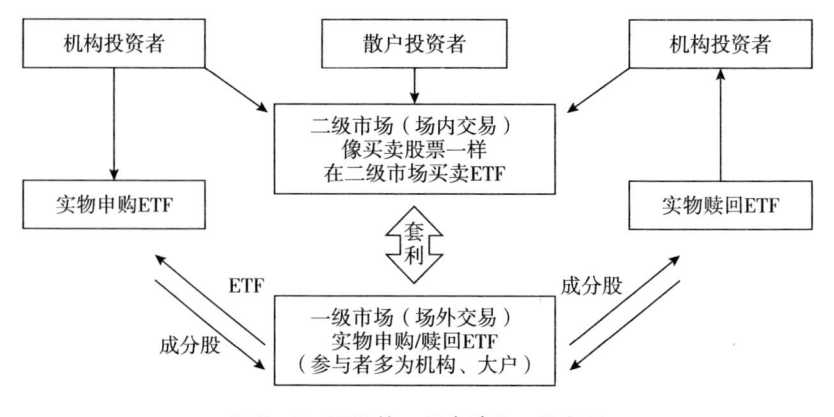

图3-5 ETF的一级申赎和二级交易
资料来源：华夏基金。

按照基金份额参考净值定价，也就是按照ETF对应的一篮子股票价格定价。这个基金份额参考净值，叫作IOPV（Indicative Optimized Portfolio Value），是根据ETF申购赎回清单（PCF清单）中组合证券的实时价格估算得到的，每15秒更新一次，是估算的参考净值。

理论上说，ETF在二级市场，也就是场内市场的交易价格，应该和IOPV趋同，跟随IOPV波动，但在投资实战中，两者出现价差的情况并不少见。

例如，某只ETF很受追捧，因为在一级市场申购存在门槛或者限额，很多人会选择更加方便的途径，前往二级市场购买，就会将二级市场的价格抬起来，这只ETF产品的二级市场交易价格就会高于在一级市场的IOPV，进而产生ETF溢价。相反的情况，就会导致ETF折价。在这种情况下，如果你的资金量够大、操作手速也快，理论上是可以实现无风险套利的。也就是说，在场外通过申购，以较低的价格获得ETF份额，再通过场内市场，以较高的交易价格卖出。

理想虽然丰满，现实却无比骨感。前文中我们说过，在一级市场申购赎回ETF时，一只ETF的最小申购、赎回标准单位包括几十万甚至几百万份的基金份额不等，这也导致ETF套利的资金门槛较高，个人投资者的资金和手速，包括迅速捕捉市场溢价、折价空间的反应能力，很难与专业机构相比。所以，个人抓住这种套利空间的可能性并不是很大。

不过，关注ETF溢价和折价仍然有好处，一般来说，对于溢价过于显著、场内价格明显偏离份额净值的ETF产品，应保持谨慎态度。还是那句话——买对的，不买贵的。

溢价和折价的情况怎么看到呢？常用的股票软件都可以很方便地进行查询。例如查询华夏纳斯达克ETF这只产品，如图3-6所示。

纳斯达克ETF 159632.SZ

1.657 +0.36%

| 量比 | 0.96 | 换手率 | 2.27% | 成交量 | 109.37万 |
| 溢折率 | 0.60% | 净值 | 1.6378 | 规模 | 79.86亿 |

业绩走势

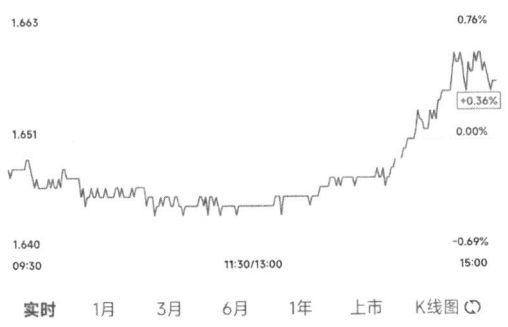

图3-6 溢价折价查询示意

资料来源：红色火箭小程序。

小贴士

ETF 做市商

ETF 做市商又称 ETF 流动性服务商，是一类特殊的 ETF 交易参与者，为 ETF 产品市场交易的顺利完成提供流动性服务，这个角色一般由证券公司担任。

具体地说，它提供的服务，一是在场内市场为 ETF 产品提供日常的双边报价，为投资者提供买卖对手盘，简单来说，就是让我们在想买的时候买得到，在想卖的时候卖得出；二是通过 ETF 横跨场内市场和场外市场的特性，借助申购赎回机制，发挥创设和消除 ETF 份额的功能。

这个功能是如何实现的呢？

当某只 ETF 受到追捧，场内交易价格上涨，甚至显著高于其背后的一篮子股票价值，出现明显溢价时，我们要在场内购买，很有可能遇到市场卖盘不足、没有足够投资者愿意卖出的尴尬局面。这种供求不平衡会进一步加剧溢价。

此时此刻，ETF 流动性服务商就可以发挥作用了。它们借助专业机构的资金和操作系统优势，迅速完成 ETF 所跟踪指数成分股的申购，在场外市场向发行者进行申购，然后在场内市场卖出。就这样，ETF 流动性服务商在实现无风险套利的同时，为场内市场提供了对手盘，注入了流动性。随着套利持续，场内市场可供交易的 ETF 份额得到有效创设，供求失衡缓解，溢价也会逐步消失。当 ETF 场内价格出现折价的时候，ETF 流动性服务商在场内购买 ETF，在场外市场赎回，从而消除过多份额，原理也是相似的。

归根结底，在溢价或折价存在的情况下，在场内和场外市场之间实现无风险套利是 ETF 流动性服务商提供做市服务的内驱力所在，为 ETF 场内市场的流动性充裕发挥了积极作用。

ETF 联接基金，降低场外交易门槛

ETF 场外交易门槛这么高，除了机构投资者，很多个人投资者岂不是很难在场外市场交易 ETF？如果我们没有股票账户，暂时也不愿意开户，岂不是无法参与 ETF 投资？为了解决这些问题，市场出现了一种叫作 ETF 联接基金的产品，能够帮助我们降低 ETF 场外交易的参与门槛。

这种基金产品和一般的开放式基金类似，可以通过基金公司直销平台、银行、第三方销售平台等直接用现金进行申购、赎回。只不过它并不直接投资底层资产，而是主要投资对应的 ETF，追踪 ETF 的市场表现。

需要注意是，按照中国证监会的现行规则，在 ETF 联接基金的投资组合中，目标 ETF 占比不低于资金资产净值的 90%。[①] 这就意

---

① 资料来源：《公开募集证券投资基金运作指引第 2 号——基金中基金指引》。

味着，最多只有10%的份额可以投资其他产品。ETF联接基金既可以通过投资存款、债券等产品来保持基金申赎的流动性，也可以进行主动管理，力求提升基金收益，所以，它与对应指数的跟踪误差，一般来说会比对应的ETF产品大一些。

表3-5展示了ETF、ETF联接基金和一般指数基金的差异，便于我们更好地了解这些产品。

表3-5　ETF、ETF联接基金与一般指数基金

类型	ETF	ETF联接基金	一般指数基金
投资对象	直接投资于目标指数的成分股或债券，以及相关衍生品	主要投资于对应的ETF，以追踪该ETF的表现	直接投资于目标指数的成分股或债券
交易方式	在交易所上市交易	不在交易所交易	不在交易所交易
买卖价格	二级市场价格	基金份额净值	基金份额净值
灵活性	较好，可以在交易时间内随时买卖	较差，每个交易日只有一个价格	较差，每个交易日只有一个价格
透明度	较高，每日披露持仓	较低，定期披露持仓	较低，定期披露持仓
跟踪误差	较小	较大	较大
交收方式	• 一级市场：组合证券 • 二级市场：现金	现金	现金
交易渠道	一般通过券商及三方交易平台买卖以及申购赎回	通过银行及第三方等销售渠道申购赎回	通过银行及第三方等销售渠道申购赎回

资料来源：华夏基金，整理自上海证券交易所官网。

如何高效完成交易？

在了解了场内交易、场外申赎和ETF联接基金之后，我们来梳

理一下具体的交易步骤，再来看一看交易的实战心法。

在开始交易之前，首先需要确定投资的具体方式，是采用场内交易、场外交易还是申赎联接基金的方式参与 ETF 投资。这几种方式之间的异同，可以参见本章前面的内容。对于最为主流的场内 ETF 交易来说，具体的操作包括以下几个要点：

第一，开户。在证券公司开立 A 股证券账户，或者证券投资基金账户。这一步可以在证券公司的平台完成，也可以在第三方平台、交易软件上完成。如果已经有了账户，就可以跳过这一步。

第二，交易。和股票交易类似，我们可以在平台、交易软件上查询我们所关注的 ETF 产品的实时价格、价格走势和其他各种相关信息，然后在交易所的交易时间内，通过证券公司完成委托下单。下单价格可以选择按照市价下单，或者设置一个预期的目标价格，这和股票交易也是相似的。

第三，清算交收。大多数 ETF 产品和股票类似，都是在 T + 1 日完成清算交收。具体来说，假设是买入 ETF，我们在某一日的交易时段内发出指令，成功完成交易，当日收盘后 ETF 会完成交收；如果需要卖出，在下一个工作日可以进行操作。假设是卖出 ETF，当天我们从账户里看到卖出金额是可用的，但要到下一个工作日才能取出。不过，部分 ETF 品类，主要是一些跨境 ETF、债券 ETF 和商品 ETF 可以实现当日清算交收，也就是当日买入当日即可卖出，这意味着我们用同一笔钱可以进行多次买卖操作，资金使用效率得到了进一步提高。

以上是主要的交易要点，下面再来一起了解一些能够帮助我们高效完成交易的实战"心法"。

一是明确投资目标。科学决策、高效交易的前提是确定自己的投资目标。比如，我们是为了短期抓住市场机会，通过投资行为获得收益，还是倾向于长期获利，追求财富稳健增值呢？同时，我们还必须弄清楚自己的风险偏好和承受能力，根据目标和承受能力，设定清晰的入场策略和退出策略，明确投资目标和止损点。

二是做好研究分析。在交易之前，我们需要了解目标 ETF 的基本信息，包括它所跟踪的指数、资产配置方法、费用、历史表现等。虽然说相比个股投资和一般权益类基金，ETF 更适合投资新手和时间精力有限的上班族，但是如果能够关注一下相关的宏观经济形势、市场新闻和分析报告等，投资会更加精准高效。

三是学习技术分析。ETF 投资对专业能力和技术分析的要求没有个股投资那么高，但是学习使用图表和技术指标分析价格走势和交易量、识别关键的支撑和阻力水平、了解其他可能影响价格的技术形态，仍然是非常有益的。

四是持续跟踪监控。在交易时段内，持续监控 ETF 产品的价格变动和市场动态。如果我们设定了价格目标和点位，还可以利用交易平台的预警系统，在价格突破时发出自动提醒。同时，预警系统也可以帮助我们紧盯重要市场事件，前文提到的 IOPV，就是我们在跟踪监控 ETF 价格变化时经常用到的一个指标。

前面我们提到，由于存在 ETF 流动性服务商，在出现溢价或折价的情况下，它们会利用资金和系统优势，迅速进行套利操作。随着套利增多，折溢价空间会很快消失。所以，要通过这种方式获利，对资金实力、操作技术、专业经验等都有很高的要求。

值得一提的是，即便很难通过折溢价实现套利，ETF 的折溢价水平也是重要的市场信息。如果一只 ETF 产品在短期内溢价不断升高，在追高的时候，就需要充分考虑风险。因为正常情况下，只要不出现跨境 ETF 场外申购暂停、套利机制无法发挥作用这样的特殊因素，溢价会很快消失。不过，如果是因为额度等原因导致一、二级市场套利机制受限而出现的持续折溢价，则需要具体情况具体分析。

> **小贴士**
>
> ### ETF 如何进行套利？
>
> ETF 套利，是指利用 ETF 产品在不同市场的差价进行套利买卖，获取价差收益。主要的操作策略包括以下几种：
>
> 第一，瞬间套利。这是最基本的套利操作。比如，某只 ETF 产品在场内市场出现了大幅溢价，我们迅速买入一篮子股票，在场外市场完成 ETF 申购，然后在二级市场根据市场价格卖出，就可以获得无风险的套利收益；出现折价的情况则正好相反。这种套利方式对我们的资金实力、操作经验和手速都有一定要求。
>
> 第二，延时套利。这是瞬间套利的延伸变种，是指"非同步"地完成场外市场申赎和场内市场交易。在这种情况下，我们不仅可以从不同市场之间的差价中获利，还可以从 ETF 产品

或一篮子股票价格本身在这一时段内的波动中获利。当然，这需要我们对价格的低点和高点有所判断，并不是简单的无风险套利。

第三，事件套利。ETF的成分股有可能出现涨跌停，或因为其他因素停牌，但停牌的股票是无法买卖的。在这种情况下，可以利用ETF进行套利，买入我们觉得复牌后可能上涨的股票，或者卖出我们认为可能下跌的股票。比如，2008年10月9日，某汽车股票停牌，随后，汽车行业出现了政策利好，我们预计股票复牌后会直接涨停。但是涨停股票无法买入，难以从中获利，怎么办呢？可以选择在场内市场买入成分股包含该股票的ETF产品，然后在场外市场赎回ETF，获得一篮子股票组合，将其他股票卖出，这样就能够将该股票留在我们的投资组合中。结果，2009年2月16日股票复牌，出现了连续7个涨停板，我们也因此能够收获较为丰厚的投资收益。这种套利并不是依靠ETF产品在不同市场的价差，而是利用成分股停牌、对应指数ETF并不停牌的交易规则寻求获利机会。当然，这种套利也不是完全的无风险套利，仍然需要我们对市场的走势有所判断。

五是合理分散投资。ETF产品本身就带有分散投资风险的基因。我们在ETF投资实战时，还可以进一步分散风险。一般来说，不要将所有资金投入单一ETF产品，最好是根据自己的投资目标，基于分析判断，构建一个属于我们自己的投资组合。

六是控制交易成本。ETF 投资的优点之一，就在于能够节约成本，降低费用。所以，我们在投资时，应当留意交易环节可能出现的各种成本，包括申购费、管理费、托管费、销售服务费，也包括交易佣金、税金，还要考虑特殊情况下可能出现的市场冲击成本。

这里对市场冲击成本略做解释。这种成本是什么呢？它是我们在需要迅速完成大规模交易的情况下，未能按照预定价格完成买卖，从而产生的额外成本。举例来说，某只 ETF 每一份额的市场价是 1 元，我们想以这个价格买入 100 万份。结果，我们在进行买入操作的时候，价格越来越高，1 元的价格只买到了 10 万份，接下来的 10 万份已经涨到了 1.01 元……最后 100 万份买完，总体成交均价达到了 1.05 元，相比最初设想，多出的 5 万元即为市场冲击成本（见表 3-6）。

表 3-6 市场冲击成本的简单示例

买入市场价	总份额	成交均价	市场冲击成本
1 元	1 000 000	1.05 元	50 000 元

单笔操作规模越大，标的产品的盘子就越小，流动性也越差，就越容易产生市场冲击成本。如何尽可能减少这种成本呢？显然，一是尽可能选择盘子大、流动性好的产品；二是尽可能减少短期内大规模买卖操作，分拆成小笔操作会更好一些。

七是运用交易策略。没有最好的投资策略，只有更适合的投资策略，根据投资目标的不同，所适合的投资策略也有所不同。简单举两个例子，通过买入持有再平衡策略，我们可以将单一类别的资产上升到资产组合配置层面，定期将组合中各类资产的比例调整回事先规定的比例，进而避免某一类资产因为涨幅过大而过度集中，将阶段表现更好的资产进行部分止盈，转换到阶段跑输的资产中去；而通过行业轮动策略，我们可以对行业景气周期进行判断，从而开展行业之间的轮动交易，ETF层面的行业轮动能够省去选择个股的门槛，也在一定程度上规避了投资个股的极端风险，但需要注意的是，在行业轮动不明显的市场行情下，采取这一策略的效果可能并不显著，同时还有可能导致频繁交易，提高交易成本，进而损耗策略的超额收益。

因此，要想在ETF投资中不断提高胜率，逐渐成长为投资高手，还是需要在实战中积累经验，提高投资水平。在下一章中，我们会对ETF的投资策略进行详细解读，让大家了解如何行之有效地进行ETF投资交易。

交易和持有费用有哪些？

成本费用低廉，是ETF产品的核心优势之一。虽然和产品本身的涨跌相比，成本费用好像并不显眼，但它长期积累下来是十分惊人的。那么，投资ETF的费用到底包括哪些？应该如何计算呢？我们分交易和持有两个环节来看。

先看交易环节。ETF场内交易与股票交易的收费模式很像，但佣金相对较低，还不用缴纳万分之五的交易印花税，成本费用优势较为明显。场外交易则存在认购费、申购费及赎回费。认购费是募集阶段购买的费用；申购费是在募集阶段结束之后购买的费用，一般不高于1%，买得越多费率越低，多到一定程度，甚至会给一个象征性的一口价；赎回费在很多情况下则是免收的。

在持有环节中，ETF的优势也较为明显。一般基金在这个环节的费用，主要包括付给基金公司的管理费、付给托管银行或证券公司的托管费，还包括销售服务费。ETF的主动操作少、投资组合稳定，所以管理费和托管费相对较低。以科创100ETF华夏为例，它的管理费率是0.15%，托管费率是0.05%，加起来只有0.2%。[1] 此外，ETF不存在销售服务费，进一步放大了其在成本费用方面的优势。

实战小案例

ETF有多省钱?

假设华华和夏夏在二级市场购买了10 000元上证50ETF，持有一年的交易和持有成本包括：

交易佣金：10 000元×0.01% = 1元

管理费：10 000元×0.5% = 50元

托管费：10 000元×0.1% = 10元

总成本是61元。[2]

---

[1] 资料来源：科创100ETF华夏交易佣金、管理费率和托管费率参考产品招募说明书。
[2] 资料来源：上证50ETF交易佣金、管理费率和托管费率参考产品招募说明书。

小明和小红买了另外一只费率适中的主动权益型基金，也买了 10 000 元，持有 1 年。

申购费：10 000 元 × 1.2% = 120 元

管理费：10 000 元 × 1.2% = 120 元

托管费：10 000 元 × 0.2% = 20 元

总成本是 260 元。

具体可见表 3-7。

表 3-7 ETF 投资成本优势的简单示例 （元）

	投入资金	交易佣金	管理费	托管费	总成本
华华和夏夏	10 000	1	50	10	61
小明和小红	10 000	120	120	20	260
节省成本			199		

在不考虑平台对费率进行打折促销因素的情况下，即使按照基金份额 A 的规则，不再收取销售服务费，一年的总成本也已达到 260 元。两者相比，ETF 产品节省了 199 元，相当于额外多出了近 2% 的投资收益率。若是长期投资，ETF 在成本费用方面的优势将会更加突出。

最后补充一下关于 A 类基金和 C 类基金的知识。

前面我们提到上证 50ETF 的联接基金——上证 50ETF 联接 A 和上证 50ETF 联接 C，它们的投资组合完全相同，只是收费方式不同。

其中，A 代表前端收费，我们在申购时需要一次性缴纳申购费，在持仓阶段按照持有时间缴纳管理费和托管费，但不用缴纳销售服务费。C 则代表后端收费，不用缴纳申购费，但在持仓阶段，除了管理费和托管费，还需要按照持有时间缴纳销售服务费。

对于同一只基金的 A 类和 C 类，到底应该选哪个呢？这没有绝对优劣之分，只与我们的投资偏好相关。如果我们决定长期持有，那选择一次性缴纳申购费的 A 类或许更合适。反之，如果我们交易频繁、持仓时间短，C 类或许更有优势。

A 类和 C 类的划分，不仅适用于 ETF 联接基金，也适用于大多数基金。

第四章

实战：怎样成长为 ETF 投资高手

对于 ETF 这种不可多得的投资理财利器，我们已经一起经历了筑基、复盘、进阶的各个阶段，对它的概念、特点、优势和交易方法形成了比较完整的认识。你是不是已经跃跃欲试，想要在 ETF 投资的实战舞台一显身手了？

本章将完全从 ETF 的投资实战出发，分享专业机构投资者和个人投资高手用无数真金白银换来的宝贵经验，帮大家了解和熟悉 ETF 投资的主要实战策略，让 ETF 产品的种种优势发挥出来，为我们创造实实在在的财富。

如何选择适合自己的投资策略

我们先来了解投资实战的基本框架。对 ETF 投资者来说，要成功构建投资组合，需要完成的工作主要分为投前和投中投后两个大的方面。

投前的关键，是要厘清构建投资组合的要点，主要包括以下内容：

投资目标：确定投资组合的目标，例如资本增值、收益稳定等。

风险偏好：确定投资者承担风险的能力和意愿，从而确定投资组合的风险水平。

资产配置：根据投资目标和风险偏好，选择不同的资产类别和比例，例如股票、债券、另类投资大宗商品等。投资组合应该具有多样性和分散化，避免过度集中在单一资产或行业。

持有期限：根据投资者的期望回报和时间需求，确定投资组合中的资产持有期限和交易频率。

定期监督与再平衡：定期监督投资组合的表现，进行必要的调整和重新平衡，确保投资组合的风险和收益符合预期（见图4-1）。

> 投资目标 → 风险偏好 → 资产配置 → 持有期限 → 定期监督与再平衡

图4-1 投前要点示意

资料来源：华夏基金。

投中投后的关键，则是在投资过程中持续地根据实际情况，不断进行优化调整，主要包括以下要点：

定期检查投资组合表现：应定期检查投资组合的表现是否与投资目标相符合，是否出现"风格漂移"，投资者需要重点关注并及时调整组合中的资产配置。

根据市场风险状况进行调整：市场中的风险因素经常变化，例如宏观经济风险、政策风险、流动性风险等。因此，需要定期关注市场风险，根据组合的风险偏好和市场风险状况进行调整。

根据投资者需求进行调整：投资者需求也可能发生变化，比如投资者增加了新的资金或提前提取了一部分资金，需要根据投资者需求和投资目标调整资产配置。

重新平衡投资组合：投资组合在运作过程中，不同资产类别的市场表现不同，导致资产配置比例发生变化，需要通过资产分类和比例的重新平衡以确保风险控制和投资目标实现。

关注经济周期：经济周期的变化对投资组合表现有重要影响。经济周期包含繁荣、衰退、萧条、复苏等不同阶段，不同阶段的投资品类表现也不同，需要定期关注经济周期的阶段性变化，并有针对性地进行投资组合调整（见图4-2）。

| 定期检查投资组合表现 | 根据市场风险状况进行调整 | 根据投资者需求进行调整 | 重新平衡投资组合 | 关注经济周期 |

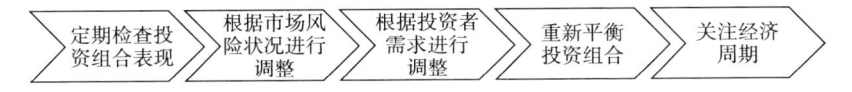

图4-2 投中投后要点示意

资料来源：华夏基金。

具体到ETF投资实战中，要一步步成长为高手，较为重要的一点，是选择适合自己的投资策略，根据不同场景灵活运用，从而将ETF这个"五边形战士"的威力更好地发挥出来，达成我们的目标。

什么是投资策略呢？前面我们已经讲过很多和投资实战相关的内容，例如不同ETF产品的特点、ETF的估值方法、交易方法等，这些都是投资策略的基础，但它们还不是策略本身。

一般来说，投资策略是指在投资理财活动中，投资者在相对明确的目标下，根据约束条件、个人偏好做出的一系列行动和决策。投资理财中有一个"不可能三角"，即投资理财工具的三大属性——安全性、流动性和收益性，正常情况下三者之间存在一个此消彼长的关系，而投资策略则是在诸如期限、现金流等多种条件的约束下，根据个人偏好寻找安全性、流动性和收益性的平衡点。

如何选择 ETF 投资策略呢？总的来说，可以参考以下六条原则：

一是了解自己，确定投资目标、风险偏好、承受能力、资金规模、经验和能力水平等。

二是了解策略，不仅要了解不同种类的 ETF 产品，还应当对主流的 ETF 投资策略有所认识，这样才谈得上去做"选择"。

三是了解环境，包括经济周期、市场环境等因素，以便在不同的场景下有的放矢，将 ETF 投资的优势更好地发挥出来。

四是分散投资，在选择 ETF 策略、布局配置组合时，进一步分散风险，例如在不同行业和主题上进行分散投资，以抵御个别行业波动的影响。

五是优化组合，不同种类的 ETF 产品之间可以形成投资组合，不同投资策略之间也是可以组合的，可以根据不同策略的各自特点，对策略组合进行回顾、调整和优化。

六是借助工具，有效利用基金公司等专业机构，以及各类平台提供的专业工具和投顾服务，优选投资策略，提高 ETF 投资能力。

那么，常用的ETF投资策略主要有哪些呢？根据策略上手的难易程度，我们可以将市场上比较主流、实战中比较常用，也得到了机构和专业人士充分验证的ETF投资策略，大体分成入门级和进阶级两个大类。

入门级的投资策略主要包括定投策略、"核心+卫星"策略两种。前者是一种将ETF的买入节奏固定下来，实现分散逐步买入的投资策略，帮我们解决入场时机问题；后者则是一种帮我们建立投资组合的方法，以实现不同风险收益特征ETF产品之间的合理搭配，达到攻守平衡、分散风险的目标。

进阶级的投资策略则主要包括划分价格区间，在区间内进行高抛低吸的网格交易策略；在不同风格的ETF产品之间进行转换调整的风格轮动策略；以及在不同行业、主题ETF产品间转换调整的行业轮动策略等。对有志于精进ETF投资水平的投资者来说，用好量价指标这样的技术面分析工具，也是提升ETF投资策略水平的重要进阶途径。此外，除了具体投资策略，对投资资产整体结构进行优化分配以形成合理组合的资产配置策略，也能帮助我们的投资策略迈向高阶。

最后，我们还应当了解如何在ETF投资中巧用外力，特别是运用专业机构投顾服务，有效提升ETF投资实战水平的实战打法。这能让我们的ETF投资如虎添翼，再上一层楼。

表4-1列示了目前比较主流的投资策略，我们将会在后文中逐一详细介绍。

表4-1 主流投资策略

策略类别	具体策略	简介	主要适合投资者
入门策略	定投策略	以固定时间间隔，投入特定金额，购买投资品的策略	投资新手、上班族、长期投资者、现金流稳定流入的投资者
	"核心+卫星"策略	将投资资金划分为"核心"和"卫星"两个大类进行配置的策略	投资新手、追求风险收益平衡的投资者或需要配置大额单笔资金的投资者
进阶策略	网格交易策略	划定波动区间，在区间内执行低买高卖的策略	希望从波动中获益的进阶投资者、希望分散择时风险的战略投资者
	风格轮动策略	根据市场风格变化，在不同时期选择不同风格标的的策略	具备市场感知能力的进阶投资者、具有一定操作能力的中短线投资者
	行业轮动策略	根据行业和主题热点变化，在不同时期选择不同风格标的的策略	同上
	量价分析	根据量价指标等技术分析指标进行投资决策的策略	具有技术面分析能力的进阶投资者
配置策略	资产配置策略	优化投资组合，合理分散投资标的，实现多元化资产配置的策略	存在资产组合配置需求的战略投资者

简单好用的入门工具

"单兵作战"的ETF简单、清晰、风格稳定，而数量众多的ETF则会呈现出"网络效应"和"聚集效应"。在这两种情况之间，投资者可以采用或简单或复杂的策略，来实现不同的目标。在这些策略中，定投策略和"核心＋卫星"策略相对容易上手，具有入门便捷、简单好用的特点。

定投策略：穿越牛熊，慢慢变富

我们或许都听说过"定投"这个概念。"定投"的"定"是什么意思呢？从概念上说，定投策略，是指以固定时间间隔，投入特定金额，购买投资品的策略。所以，这里的"定"，首先指的是时间固定，比如说在每个月的某个固定时间购买。不过，在最基础的定投策略操作中，金额也可以是固定的，所以，"定"也就具有了双重含义。其中，仅有时间周期固定的定投，叫作"定期不定额定投"；如果连每一期的投资金额也固定了，就叫作"定期定额定投"。

定投策略适用于很多投资品种，股票、一般权益类基金等都有对应的定投策略。不过，对 ETF 投资来说，定投策略尤其好用，它可以通过定期分散买入，帮我们解决选择入场时机的难题，通过时间的魔力平滑成本、分散风险，力争赢得长期增长的收益。[1]

定投 ETF，不仅选择投资标的的风险得到了有效分散，入场时机的风险也被分散了。此外，由于定投持续的时间可能较长，ETF

---

[1] 这里一般指通过基金公司直销平台、银行、第三方平台等使用 ETF 联接基金进行定投，这些情形下定投可自动化实现。根据华夏基金 2024 年发布的《指数基金投资金皮书：2024》，有 18.4% 的投资者也在场内通过手动买入的方式来进行定投。

及联接基金的低费率会显著增厚回报,这就叫珠联璧合。

如果你想进行 ETF 投资,定投策略是最容易上手的一种投资策略,实战效果却一点儿也不含糊。所以,你应该了解和掌握它。

1. 定投策略适合谁?

定投策略适合的对象非常广泛,主要有以下几类。

一是投资新手和上班族。定投策略的逻辑非常清晰,上手也容易。它能够通过定期分散买入,解决进入市场的择时问题和节奏问题,摊平买入成本,忽略 ETF 价格的短期变化。同时,它还能帮助我们快速建立操作纪律,提高策略的可执行性,便于我们按部就班地操作。所以,它非常适合专业技能和经验不足的新手小白,以及没有多少时间精力盯盘的上班族。此外,对上班族来说,定投策略的另一个好处是它可以和发薪周期匹配起来,以定投的方式,实现类似于"强制储蓄"的财富积累效果。

二是长期投资者。ETF 定投策略并不只适用于新手小白。它本质上是一种长期投资策略,它不太关注短期波动,主要是通过长期增长趋势来获取收益。所以,它可以帮助我们穿越牛熊,力争慢慢变富。长期坚持 ETF 定投,持有 ETF 份额,可以尽可能规避资金频繁离场,将 ETF 长期投资背后的复利优势发挥到位。所以,即便是专业人士、投资高手,定投策略也是一种非常有效的长期投资策略。

三是现金流稳定有规律流入的投资者。比如,有房屋出租、店面投资、长期版权、分红等可持续固定收入的个人,对这些人来说，定投是非常合适的买入策略。换句话说，如果我们每隔一段时间都能获得一笔相对稳定的收入，这种情况和定投策略的资金需求就非常匹配。

四是希望克服心理波动，建立稳定操作纪律的投资者。任何投资策略要发挥作用，都必须在操作层面严格执行，不能市场一波动就方寸大乱，丢掉原来设计好的买入卖出节奏，这需要克服心理波动。但是，心理因素的影响比人们预计的要大得多。当市场出现波动时，我们的心情很难保持平静。除了贪婪与恐惧，从众心态、人的记忆机制天然偏向于对利好的重视与对利空的忽视等，都会对投资行为造成影响。很多时候，坚持投资策略、严守投资纪律，都需要和自己的心理波动做斗争。

不过，ETF 定投策略恰恰有一种帮我们平缓情绪的神奇功效，这是定投作为一种平均成本法的优势带来的。当市场走低的时候，虽然 ETF 净值下降，但同时意味着当期买入的成本也降低了。这种情况下，我们更容易保持投资定力，坚持投资秩序。

2. 如何进行定投操作？

在实战中如何进行定投操作呢？主要是下面几个步骤。

一是确定投资目标。我们需要明确自己进行定投的财务目标，包括希望达到的收益率，准备进行投资的期限，也包括我们自己的风险承受能力等。

二是选择定投标的。根据我们自己的目标、个人偏好、投资习惯，选择一个或几个表现比较稳定、费用具有优势、适合长期投资的 ETF 产品，作为定投的投资标的。

三是设定定投频率和金额。根据我们自己的现金流情况，结合投资目标，设定定期进行投资的频率和金额。比较推荐的做法，是在不影响自己和家庭生活的情况下，运用自己可以自由支配的闲钱进行投资。

在频率方面，一般是以周、双周、月或者季度为单位。如果频率超过一周一次，操作似乎有一点过于频繁；如果低于一季度一次，又有点过于稀疏，摊平成本、分散风险的效果就不那么显著了。

在金额方面，比较简单的做法是根据自己的闲钱情况，设定一个相对固定的额度，这也就是所谓的定期定额定投。当然，作为定投策略的进阶打法，也可以尝试定期不定额定投，设计一定的规则，针对不同情况灵活调整每一期的投资金额。这种策略我们在后面会专门介绍。

四是启动定投计划。通过证券公司等平台，设置自动扣款，确保按时完成定投。前面我们说过，如果通过 ETF 联接基金参与 ETF 投资，在定投操作方面会有额外的便利，可以通过基金公司官网、银行或者第三方平台，更加便捷地设定自动定投规则。我们需要注意的是，不管通过哪种方法、在哪个平台进行设置，都需要保证所关联的银行卡在定投日有足够的余额。

五是长期坚持，定期回顾。定投策略既需要持之以恒，坚持投资纪律，不被短期波动轻易动摇，也需要每隔一段时间对投资标的、组合、周期和金额设置进行复盘，回顾实际效果，评估是否需要进行调整和优化。如果我们能够对市场状况、经济周期进行持续跟踪和分析，在此基础上，再对定投策略进行调整和回顾，会更加有的放矢、精准有效。

> 实战小案例

上班族如何定投？

上班族华华根据自己的收入情况，决定每个月以1000元闲钱进行ETF定投。他的投资经验不多，主要想跟随大盘获得平均收益，所以他选择了跟踪沪深300指数的某ETF产品，作为自己的定投标的。若假定ETF产品跟踪误差为零，可以将指数涨跌作为产品收益依据。

第一个月，每个份额的基金净值为1元，华华的1000元投资，换来了1000份基金（此处仅示例，不考虑交易费用）。第二个月，净值下跌为0.9元，华华获得了1111份基金。第三个月，净值上升到1.1元，华华获得了909份基金。

三个月下来，华华的平均每份额买入成本是3000/（1000+1111+909）=0.99元。他成功实现了分散风险、平滑买入成本的目标。如果他在第三个月全部卖出，他能够获得（1000+1111+909）×1.1=3322元，获利达到了322元，收益率达到了10.73%。[1]

---

[1] 以上案例中的净值仅为示例原理，实际不同ETF净值随指数波动。若假定ETF产品误差为零，可以指数涨跌作为产品收益依据。沪深300全收益指数近5年涨跌幅：2023年为-9.14%，2022年为-19.84%，2021年为-3.52%，2020年为29.89%，2019年为39.19%。指数历史表现不预示未来。

不过，华华并不准备在短期内卖出。他有信心通过坚持长期投资，收获指数曲折中前进带来的收益（见表4-2）。

表4-2 定投原理的简单示例

华华	第1期	第2期	第3期
净值（元）	1	0.9	1.1
份额（份）	1 000	1 111	909
平均每份成本（元）	0.99		
期末市值（元）	3 322	期末回报率（%）	10.73%
单期定投金额（元）	1 000	总成本（元）	3 000

小贴士

定投操作

我们来看一下定投的具体操作流程。需要注意的是，一般情况下，ETF场外联接基金才可以设置自动定投，场内ETF产品需要手动定投操作。我们以在华夏基金管家App定投华夏上证50ETF联接基金A为例，来看一看如何设置自动定投。

进入App之后，在"我的"页面选择"定投管理"，选择定投。这里基金公司提供了"经典定投"（定期定额）和"智能定投"（定期不定额）两种模式（后文会介绍作为进阶战术的定期不定额方法）。在具体操作页面上都是类似的（见图4-3）。

进入页面之后，投资者可以在下拉框中选择自己的目标基金，在账户一栏选择已经签约的银行账户。在定投操作的时候，需要特别注意在定投扣款日时应保证余额充足。

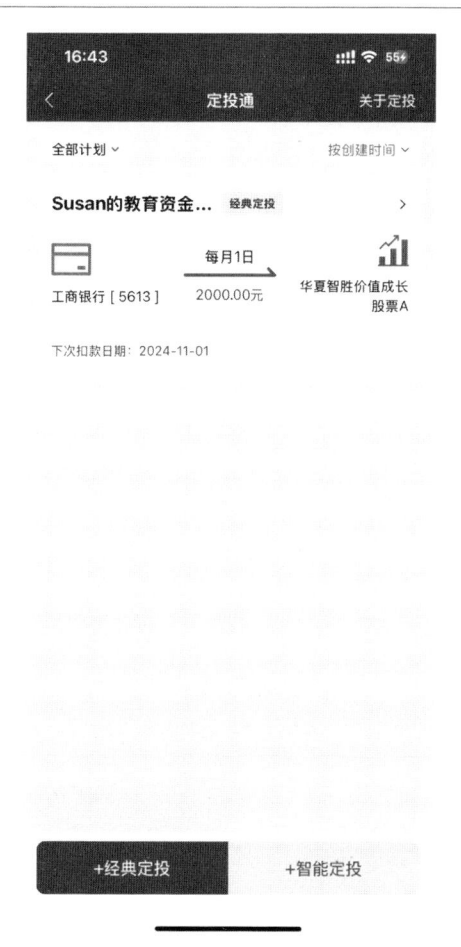

图4-3 定投操作示意一

资料来源：华夏基金管家App。

在定投设置页面，设置扣款周期、每个周期的具体扣款日期、每一期的投资金额。同时，设置是否需要"止盈"（止盈的重要性后文中会详细阐述）。确认相关信息，输入密码，就可以开始定投之旅了（见图4-4）。

第四章　实战：怎样成长为ETF投资高手

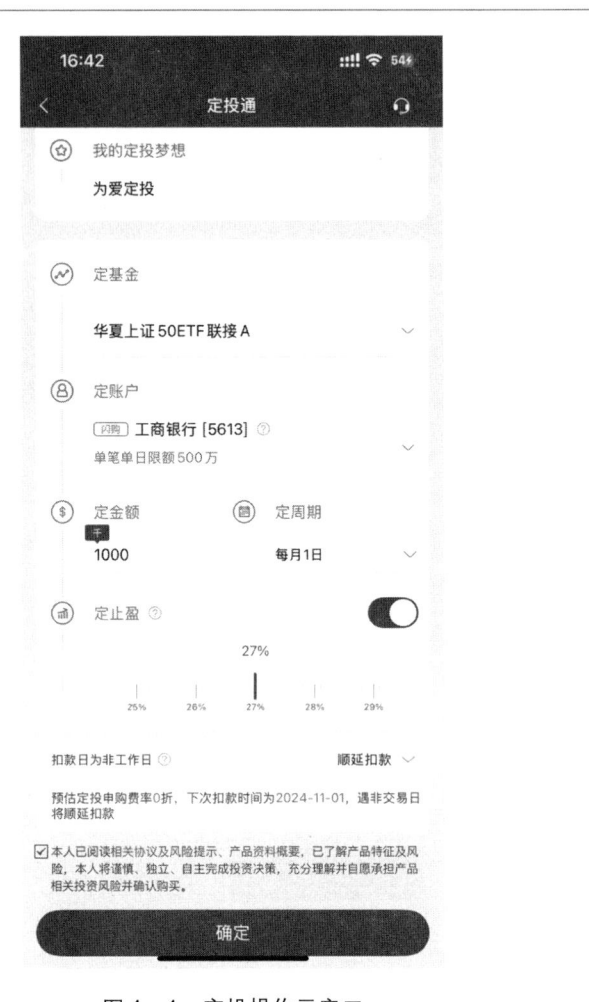

图 4-4　定投操作示意二

资料来源：华夏基金管家 App。

以上的五个步骤之中，最有技术含量的显然是选择投资标的这一步。如何选择更适合进行定投操作的 ETF 产品呢？

产品选择这个问题，从来都是"没有最好，只有更适合"，它没有标准答案，也不可能找出一个对每个人都管用的通用思路。不过，这里依然有一些建议。

总体来说，产品选择要从我们的实际情况出发，充分考虑自己的投资目标、风险偏好和承受能力，匹配合适的 ETF 类型和具体产品。

一般来说，选择权益类 ETF 作为定投标的都是不错的选择。但在实际投资中，考虑到指数的代表性、与市场整体走势的偏离度等因素，整体看投资者在定投中采用宽基指数 ETF 的意愿最高，其次是行业 ETF 和主题 ETF，而或许是受对创新策略产品认知不足的影响，大家在聪明贝塔策略 ETF 上使用定投的意愿相对较低。[①]

如果我们要对跟踪同一指数的不同 ETF 产品做具体取舍，考虑到长期投资的需要，建议更多地选择头部基金公司出品、产品规模较大、费用成本较低、跟踪误差较小的产品。

3. 定投策略的进阶战术

下面我们来介绍一些关于 ETF 定投策略的进阶战术。虽说是进阶战术，但并不烦琐复杂。如果在合适的场景下加以利用，可以帮助我们显著提升定投的收获。

第一，不定额定投战术。

ETF 定投策略的基本方法是定期定额定投，也就是说，每一个固定期限，投资一个固定金额。而进阶打法则是定期不定额定投，

---

① 资料来源：《指数基金投资金皮书：2024》，华夏基金。

它是设定一个调整规则,对每一期的金额进行调整,以更好地发挥分散风险、降低成本的作用。如何设定规则呢?投资者可以设想,这个规则的作用是让我们在指数走低时多买一些,在指数走高时少买一些,如此一来,就可以更好地控制成本了。

我们介绍两种实战中常用的不定额定投打法。

一是价值平均法。按照这种方法,每期并不设置固定的投资金额,而是设置固定的持仓市值增长幅度,按这个幅度反推投入不固定的金额,以此实现"指数走低时多买、走高时少买"的目标。

实战小案例

如何按照价值平均法进行不定额定投?

华华第一个月购买了 1000 份 ETF,每份净值 1 元。他的持仓市值增加了 1000 元。他将 1000 元设定为每个月持仓市值增长的目标(此处仅示例,不考虑交易费用)。

第二个月,每份净值下跌到 0.9 元,为了达到持仓市值总市值 2000 元的目标,他必须持有 2000/0.9 = 2222 份。因为他手里只有 1000 份,所以他买了 1222 份,花费 1222×0.9 = 1099 元。

第三个月,每份净值上涨为 1.1 元,为了达到持仓市值总市值 3000 元的目标,他必须持有 3000/1.1 = 2727 份。因为他手里已经有 2222 份,所以只需要再买 2727 − 2222 = 505 份,花费 556 元。

假设他此时全部卖出,我们来看看他的投资战绩。他的总成本是 1000 + 1099 + 556 = 2655 元，卖出全部 ETF 产品可以得到 3000 元，获利达到 345 元，收益率达到了 12.9%。

还记得华华采取定期定额定投的收益率吗？10.73%。仅仅 3 个月，采用价值平均法，较之于定期定额方法赢得了 2.26% 的超额收益，这就是优化策略的威力。

不过需要注意的是，采取价值平均法，每个月投入的金额是不固定的，这意味着我们的资金状况要保持一定弹性。特别是在净值下降显著的时间点，单次投入可能会出现明显增长，对此必须有所准备（见表 4-3）。

表 4-3 价值平均法的简单示例

华华	第1期	第2期	第3期
净值（元）	1	0.9	1.1
当期目标价值（元）	1 000	2 000	3 000
当期购买份额（份）	1 000	1 222	505
总成本（元）		2 655	
期末市值（元）	3 000	期末回报率（%）	12.9

二是估值定投法。这种方法其实是将前面章节介绍过的指数估值方法和定投策略结合起来。实战中的操作，是先确定估值指标，如市盈率、市净率或市销率，然后设定百分点位，根据点位不同设置不同的定投金额，总体原则是估值越低，投得越多。

实战小案例

如何按照估值定投法进行不定额定投？

夏夏选择定投某一只跟踪特定行业指数的 ETF 产品，她按照市盈率指标的历史表现，设置了 20%、50%、80% 三个点位，然后为自己设计了每月定投的规则。

具体来说，如当月指数市盈率位于历史表现的 20% 分位（含）以下，投 2 000 元；20% 到 50%（含）之间，投 1 500 元；50% 到 80%（含）之间，投 1 000 元。80% 以上则暂停投资。

一般来说，这种策略在控制成本上的效果，会比直接采取定期定额定投具有优势。

第二，定投止盈战术。

定投策略本身不解决卖出问题，不过，我们可以通过运用进阶战术，为卖出止盈操作提供一些参考依据。

下面介绍两种常用的止盈打法。

一是目标止盈法。 这种方法直接易懂，就是设定一个回报率目标，在时间周期内达到了目标，就进行止盈操作。比如上证 50 指数从基准日到 2023 年底，每年算术平均的回报率为 12.91%。我们如果定投华夏上证 50ETF 的话，可以将这个回报率设定为自己的止盈目标，如果 ETF 的平均年化收益率达到了这个目标，就进行止盈操作。

二是估值止盈法。 这和估值定投法有些相似，同样是借助指数估值的历史表现，设定百分点位。比如将估值的 70%、80%、90% 点位设为止盈点。到了 70% 的点位卖 1/3，到了 80% 再卖 1/3，到了 90% 全部卖出，从而实现在高估值区域减持的目的。

小贴士

定投策略有哪些风险和缺陷？

对 ETF 投资来说，定投策略能够充分分散风险，操作门槛相对较低，可以说是最适合小白的稳健策略之一。不过，说它稳健好用，并不意味着它没有风险，而是至少包括以下几个方面的风险。

一是市场风险。如果我们选择定投的 ETF 产品所跟踪的指数市场表现不佳，即便通过定投熨平了成本，也有可能在很长时间内持续亏损。特别是，如果我们开始定投是在一轮牛市的高点，随后指数持续走低，我们可能会在很长时间内面临收益低迷的压力。

二是管理风险。ETF 产品相对一般的权益型基金来说，受基金经理操盘能力、管理水平等人为因素的影响较小，但它并不能完全与管理风险绝缘。产品与所跟踪指数的表现偏离过大，实际收益比指数基准差出一截，这样的情况仍然是有可能出现的。所以，在选择作为定投标的的 ETF 产品时，了解产品的过往表现、了解基金经理的管理水平，仍然是有意义的。

三是长期政策变化、技术变迁导致的风险。定投策略很适合长期投资,但随着时间跨度的拉长,某些行业、主题或者门类的股票,有可能在政策变化、技术变迁等因素的影响下,陷入长期颓势。虽然这种变迁未必一定带来股价表现的下滑,但仍有可能在投资者的投资周期内带来巨大影响。这也是建议投资者在长期坚持的同时,对定投策略的方向进行持续回顾的重要原因。

除了这些风险,定投策略也有自己的不足。比如,投资者通过定投策略,获取的往往是实际投资区间中相对平均的收益,而不是最佳收益。从投资者调研看,2024年4~5月华夏基金的一项调研显示,在访问时间点前一年,投资者在使用ETF投资的过程中,定投策略的盈利占比(80.9%)和平均收益率(7.2%)均处于5种策略的中等水平。[1]

此外还有非常重要的一点,定投策略虽然通过分散买入解决了买的问题,却没有解决卖的问题。我们通过定投逐渐买进的那些ETF产品,究竟什么时候卖,到什么点位止盈或者止损,仍然令人挠头不已。股市有句谚语:"会买的是徒弟,会卖的才是师傅。"如果没有解决卖的问题,那意味着你即使账面上浮盈不少,却难以落袋为安。从这个角度上讲,可以说定投策略并不是一种完整的交易策略。这方面,可以参照前面

---

[1] 资料来源:《指数基金投资金皮书:2024》,调研采集时间段为2024年4月25日~5月15日。5种策略及其盈利占比、平均收益率分别是:波段操作(84.6%,7.4%),轮动投资(83.5%,8.6%),定投(80.9%,7.2%),分批买入(79.5%,6.4%),网格交易(75.8%,5.0%)。

介绍的止盈战术。①

"核心+卫星"策略：动静自如，攻守兼备

定投的投资者面对的是在多笔、持续的可投资资金场景下，如何进行配置的问题，但如果投资者面对的是单笔、较大额度的资金，拆分成多笔定投未必是最有效率的方法，这时候另外一些策略能帮助投资者更有效率地达成目标。

利用"核心+卫星"策略配置一篮子 ETF 就是其中一种思路。如前文提到的，投资很重要的一点就是根据自身风险承受能力做好风险与收益的权衡，通过不同资产的低相关特征来降低投资风险并实现更加稳健的回报，"核心+卫星"策略便是一种很好用又有效的方式，把大部分资金集中在一些核心产品上，同时用小部分卫星仓位进行补充，通过分散配置来平衡风险和收益。

其中，核心配置部分又叫主体配置，占比较大，以偏稳健的投资品种为主，目的是在风险可控的前提下，获取相对稳定的投资收

---

① 定投特有风险提示：定投过往业绩不代表未来表现，投资人应当充分了解基金定期定额投资和零存整取等储蓄方式的区别。定期定额投资是引导投资人进行长期投资、平均投资成本的一种简单易行的投资方式，定期定额投资不能保证投资人获得收益。本书内容不作为任何法律文件，书中的所有信息或所表达意见不构成投资、法律、会计或税务的最终操作建议，笔者不就书中的内容对最终操作建议做出任何担保。在任何情况下，笔者不对任何人因使用本书中的任何内容所引致的任何损失负任何责任。我国基金运作时间较短，不能反映股市发展的所有阶段。市场有风险，入市须谨慎。

益。这部分偏向于战略性、长期性持有，在组合里，起的是底仓和基准的作用。

卫星配置部分则是对主体的补充，占比较小，却可以通过更加积极进取、灵活多变、动态调整的投资操作，争取获得超出市场平均水平的超额收益。这部分更多强调战术性、灵活性、阶段性。

这种策略兴起于 20 世纪 90 年代，目前已经是一种非常主流的资产配置策略。指数基金的先驱先锋领航集团，以及瑞银、巴克莱等全球头部资产管理机构，都在广泛运用这一策略，帮助客户优化资产配置，取得了不错的成果。尤为难能可贵的是，用"核心＋卫星"策略进行 ETF 投资，底层逻辑清晰简洁，实操也不复杂，无论是对专业人士还是投资新手，它都能有所帮助。

1. "核心＋卫星"策略适合谁？

"核心＋卫星"策略的入门门槛不高，理解起来比较容易，操作也不困难，所以它也是一种对新手比较友好的 ETF 投资策略。不过，它同样适合进阶或者专业投资者。事实上，很多机构投资者在为大额资金设计资产组合结构的时候，也会应用这一策略。

哪些投资者可能适合使用这一策略呢？主要有以下几类。

一是追求风险与收益平衡的投资者。这一策略的两大部分各有侧重，核心配置部分是整个投资组合的压舱石，偏于防守，追求稳健性和平均收益。卫星配置部分灵活机动，偏于进攻，为争取超额收益留出了余地。两部分分别配置不同的 ETF 产品，攻守兼备、动静相宜，有利于实现风险与收益的平衡。

二是希望有效分散风险的投资者。 在"核心+卫星"配置的资产组合中，核心配置部分和卫星配置部分彼此保持独立，一般而言投资者需要选择相关性较低的品种形成资产组合。这样一来，可以进一步分散风险，甚至使两部分配置实现一定程度的对冲。

三是希望解决选品难题的战略投资者。 从某种意义上说，ETF的横向选品比纵向择时更复杂。而这一配置策略，核心仓位基本都是在市场代表性非常高的宽基指数，并不需要花太多时间去遴选就能跟上市场整体表现，可以帮助我们将投资这一复杂问题简单化，想跑赢平均收益的投资者也可将研究重点聚焦于少数确定性较高的细分资产，通过卫星仓位实现。

四是有大额单笔资金"买入-持有"需求的投资者。 如我们最开始的时候提到的，当投资者手中已经有了一笔金额较大的资金，需要进行资产配置，在这种情况下，如果分成小份，一笔笔慢慢定投，效率是很低的，因为很多资金其实处于闲置状态。如果凭直觉挑几个ETF产品，一次性投出去，又有点孤注一掷的感觉。此时，运用"核心+卫星"策略，形成一个攻守平衡、风险分散的投资组合，就成了一个非常实用的选择。

2. 如何进行"核心+卫星"策略操作？

在实战中按照"核心+卫星"策略进行ETF产品配置，主要有两个要点。

第一，确定核心资产和卫星资产的比例。

一般来说，核心资产的占比要大于60%。显然，如果两个部分五五开，就没有核心和卫星的区别了。那么，在核心资产大于60%的前提下，两者的比例究竟设置成多少比较合适呢？这取决于投资者自身，具体来说，要看我们自己的投资目标和风险承受能力。

如果我们对超额收益的需求比较迫切，对风险的承受能力相对较高，可以将卫星资产的比例设定得高一些，比如，核心70%＋卫星30%，或者是核心60%＋卫星40%。相反地，如果我们求稳，在意平均收益，也不愿意承受太多的风险和波动，就可以将卫星资产的比例调低，比如，核心80%＋卫星20%，甚至核心90%＋卫星10%，也都是可以的。

第二，确定核心资产和卫星资产的具体产品配置。

"核心＋卫星"策略有多种经典组合方式，比如固收资产（核心）＋权益资产（卫星）组合、指数基金（核心）＋主动权益（卫星）组合、宽基指数（核心）＋行业指数（卫星）组合等。这些经典的组合都可以对应地用清晰简单、风格稳定的ETF产品来实现。

比如用基准国债ETF作为固定收益核心组合，用权益ETF作为卫星组合，又或者仅用权益类ETF构筑"核心＋卫星"组合。在种类繁多的ETF产品中，宽基ETF是比较适合作为核心资产的。尤其是具有大盘风格的主流ETF产品，如上证50、沪深300等指数对应的ETF，它们跟随市场整体走势，能较好地表征A股市场的典型特征。

如果我们选择大盘宽基ETF作为核心资产，卫星资产部分可以考虑选择行业、主题ETF，或者小盘风格、成长风格、科创类的宽基ETF。这些种类的产品表征的是市场局部的特征，更容易捕获市场阶段性、结构性的行情。选择它们，是为了保持投资组合的灵活机动性，捕捉经济周期和市场轮动可能带来的盈利机会，甚至是获得超额收益的机会。因为它们作为卫星资产，在组合中占比较小，所以即使出现变数，节奏没有踩准，回报不及预期甚至出现大幅回撤，也可以将损失控制在相对较小的范围内。

这种以大盘宽基 ETF 作为核心资产，行业 ETF、主题 ETF 品种作为卫星资产的组合方式，是比较常见的一种打法。除此之外，将表现相对稳健的主流市场跨境 ETF，如跟踪标普 500 指数等跨境 ETF 纳入核心资产的配置组合，追求成熟市场的稳定回报，也是比较常见的。

不管如何进行具体配置，以下几点都是需要注意的。

一是注意分散配置。核心部分和卫星部分配置的 ETF 产品，应该具备足够的分散性。核心部分和卫星部分之间相对独立，一般情况下要避免这两部分之间存在过高的相关性。

比如，我们在核心部分配置上证50ETF，在卫星部分，如果要配置金融行业的行业 ETF，就需要斟酌一下了。因为在上证 50 等大盘宽基指数中，金融行业的上市公司权重占比很高，这两类产品关联过于紧密，经常同涨同跌，分散风险的效果相对来说就不太好了。

二是注意定期评估。资产组合形成之后，也不意味着可以一劳永逸。我们仍然需要定期分析市场状况，回顾投资组合的实战表现，在必要时对投资策略做出调整，特别是对卫星部分的具体配置进行滚动调整。

三是注意风险控制。作为投资组合的进攻端，卫星部分的资产相对来说比较积极进取、灵活机动，但这也意味着它的潜在风险相对要大一些。我们可以通过适度分散具体投资品种、设定止损点等方式，尽可能降低这一部分资产的风险系数。同时，对于核心部分的资产，我们可以灵活运用定投策略，有效控制择时风险，让资产组合的防守部分更加稳固。

实战小案例

"核心+卫星"策略能带来什么收益？

投资者华华，从 2014 年初开始，采取"核心+卫星"策略进行投资。他的本金一共 100 万元，其中 80% 投资跟踪沪深 300 指数的宽基 ETF，作为核心资产；20% 投资跟踪中证主要消费指数的 ETF，作为卫星资产。

假定相关 ETF 产品的跟踪误差均为零，那么我们可以通过指数涨跌幅来观察产品收益。华华对行业发展的判断比较成功，到 2023 年底，在 10 年的周期中，跟踪沪深 300 指数的核心资产，收益率达到 82.79%，跟踪中证主要消费指数的卫星资产则增值到了 268.94%。最后，华华的 100 万元变成了 220.02 万元，总投资收益率达到了 120.02%（见表 4-4）。[①]

[①] 此案例中 ETF 分红均按再投资计算，指数业绩来源于万得资讯。2014—2023 年，沪深 300 全收益指数区间涨跌幅 82.79%，指数最近 5 年涨跌幅分别为：2023 年为 -9.14%，2022 年为 -19.84%，2021 年为 -3.52%，2020 年为 29.89%，2019 年为 39.19%。2014—2023 年，中证主要消费全收益指数区间涨跌幅为 268.94%，指数最近 5 年涨跌幅分别为：2023 年为 -17.51%，2022 年为 -13.13%，2021 年为 -7.05%，2020 年为 72.93%，2019 年为 67.34%。指数过去表现不代表未来。

表4-4 "核心+卫星"策略的简单示例

华华	目标指数	10年收益率	初期投资	期末市值
核心品种	沪深300指数	82.79%	800 000元	1 462 320元
卫星品种	中证主要消费指数	268.94%	200 000元	737 880元
总回报率		120.02%	期末合计	2 200 200元

拳拳到肉的进阶策略

说完入门策略，我们再来了解几个常用的进阶交易策略。相比之下，它们的技术含量略高，但仍然是比较好掌握的。如果你能够灵活运用，一定会让你的ETF投资水平再上一层楼。

网格交易策略：从容布阵，应对震荡

网格交易策略是一种量化交易方法。它是根据你选择的投资标的，在其波动范围之中，划定一个价格区间，称为"网格"，网格中设定多个买入或卖出的点位，当走势到达点位时，就执行买入或卖出操作。通过这种策略，无论市场的整体走势是上涨还是下跌，只要存在波动，你都有机会获利。

这种策略适合各种价格存在明显波动的投资理财工具，对ETF来说，也是一种非常实用的打法。

网格交易：网格交易法，可以简单理解为在一定的价格区间内，按照一定的涨跌幅，不断地执行"跌买涨卖"。

网格设定：根据所选择的ETF产品，设定一个价格区间作为网

格，在区间内设置多个买入或卖出点位，当产品价格达到点位时，就按照事先设定的买入或卖出额度，执行买入或卖出操作。另一种更加常见的设定方法是动态设定网格：先设定一个基准价，围绕基准价设定一个跌幅 $X\%$、一个涨幅 $Y\%$ 作为网格"步长"（X 可以等于 Y），再设定一个单位资金量，每当价格下降 $X\%$，就买入一个单位资金量的 ETF 产品，每上升 $Y\%$ 则卖出。

网格交易条件单：简单来说，就是支持网格策略自动下单的交易工具。操作原理是基于波动高抛低吸策略，自动化反复买卖赚取差价。投资者根据条件单设置，将资金分成多份，从基准价开始，每下跌 $X\%$ 就自动买入一份，每上涨 $Y\%$ 就自动卖掉一份，在价格区间内，反复执行条件策略（见图 4-5）。

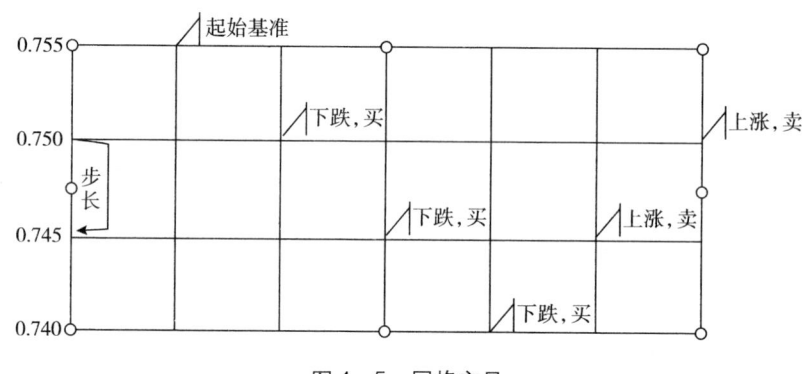

图 4-5 网格交易

资料来源：华夏基金。

1. 网格交易策略适合谁？

作为一种进阶策略，它适合的对象主要包括以下几类。

一是希望从价格波动中获益的进阶投资者。ETF 产品跟踪的指数，很多都具有明显的波动特征。进阶投资者不害怕波动，只要有波动，就可以借助网格范围中的高抛低吸，获得收益。举例来说，如果某个指数的点位和 10 年前一样，我们在 10 年前持有、今天卖出对应的 ETF 产品，那么可能不仅一分钱都赚不到，还会损失交易费用和资金占用的机会成本。但只要在 10 年之中存在波动，我们就可以通过设定网格，进行高抛低吸操作，实现获利。

二是希望分散择时风险的战略投资者。按照网格交易策略，我们在 ETF 产品价格达到事先设计的买入点或卖出点时，执行相关操作。这种操作实质上是将买入和卖出行为分散到了不同的时间点，有效分摊了择时风险，同时在一定程度上缓解了定投策略"管买不管卖"的问题。

三是不愿意猜顶和猜底的投资者。执行网格交易策略，我们不用去费劲猜测 ETF 产品的市场最低点和最高点到底在哪里，只要合理设定网格区间，通过捕捉区间内的相对高点和相对低点，就有获得收益的可能。就这点而言，不管是投资小白还是时间精力有限的上班族，在掌握了网格交易方法的基础上，合理运用这一投资策略，基本就可以实现从容布局，在波动中追求收益。

2. 如何进行网格交易操作？

在 ETF 投资实战中，如何进行网格交易操作呢？主要包括以下几步。

第一，确定投资目标。

首先我们需要明确投资目标，包括希望达到的收益率、准备投资的时间期限、风险偏好和承受能力等。对所有交易策略来说，第一步都应该是了解自己、明确目标，网格交易也不例外。

第二，选择交易标的。

接下来我们就可以根据自己的实际情况，立足于我们对市场和产品的研究分析，选择合适的 ETF 产品来作为交易标的。

什么样的 ETF 产品适合作为网格交易的操作标的呢？并没有一定之规。但一般来说，我们应该考虑的因素包括：一是流动性，如果 ETF 产品流动性太差，在价格达到时点的时候可能无法买入或卖出，策略执行的效果就大打折扣了，所以，还是应该优先选择头部基金公司发行的、规模较大、交投活跃的主流产品；二是波动性，如果 ETF 产品和其对应的指数的波动幅度太小，或者长期单向涨跌，缺乏震荡，就不太适合作为网格交易的操作标的；三是成本，网格交易策略在震荡剧烈的情况下，往往操作会比较频繁，这个时候交易成本就很重要了，否则你辛辛苦苦操作挣到的收益，很多都会被费用吃掉。

第三，设定网格，分配资金，执行交易。

我们需要从已选定的 ETF 产品出发，根据它的历史价值走势，结合我们自己对于未来价格趋势的判断，设定一个价格区间作为网格，在网格区间内设定多个买入或者卖出的网格点位，然后根据自己的投资目标和现金流情况，分配每次买入或者卖出的资金量。在 ETF 产品的价格到达设定点位时，严格执行操作纪律进行买入或卖出操作。

不过实战中更加常见的网格设定方法其实不是固定网格买入或

者卖出价格，而是动态设定网格。具体步骤是先确定基准价，设定幅度 $X\%$ 为网格步长（也可以分别设置上涨步长和下跌步长），再设定一个资金量 Z 元，从基准价开始跟踪价格走势，价格每下降 $X\%$，就买入 Z 元标的 ETF 产品，每上升 $X\%$，就卖出 Z 元产品，反复执行这种高抛低吸的策略。这里设定的网格步长也就是格子的大小。

那么在执行 ETF 网格策略的时候，网格步长设定为多大比较合适呢？一般来说，$1\% \sim 5\%$ 是比较常见的。如果格子太大，很难触发交易条件，有可能很长时间都没有买入卖出操作，赚取差价也就无从谈起。但格子也不是越小越好，设得太小，交易会过于频繁，交易费用会大幅侵蚀网格交易的回报。

这里有个关于网格步长的设置原则，总体上看，如果是震荡比较频繁的行情，格子可以适当设小，这样可以抓住尽可能多的波动，获取收入。如果是单边上涨或者下跌的趋势性行情，格子则可以适当设得大一点，避免过早出现满仓或空仓的情况。同时，在设置时应该结合 ETF 产品的交易费用来看，如果费用偏高，就不适合将格子设得太小。当然，费用过高的产品，本身也不适合网格交易策略。最后，上涨和下跌阶段的网格步长可以分别设置，我们可以设计出一套对上涨更敏感或者对下跌更敏感的个性化网格策略，以匹配多元化的风险偏好。

网格策略的具体操作，可以在证券公司平台，或者某些第三方平台完成。图 4-6 所示为某券商 App 设定网格交易主要参数的界面，供大家参考，在确定这些参数后，就可以进行操作了。

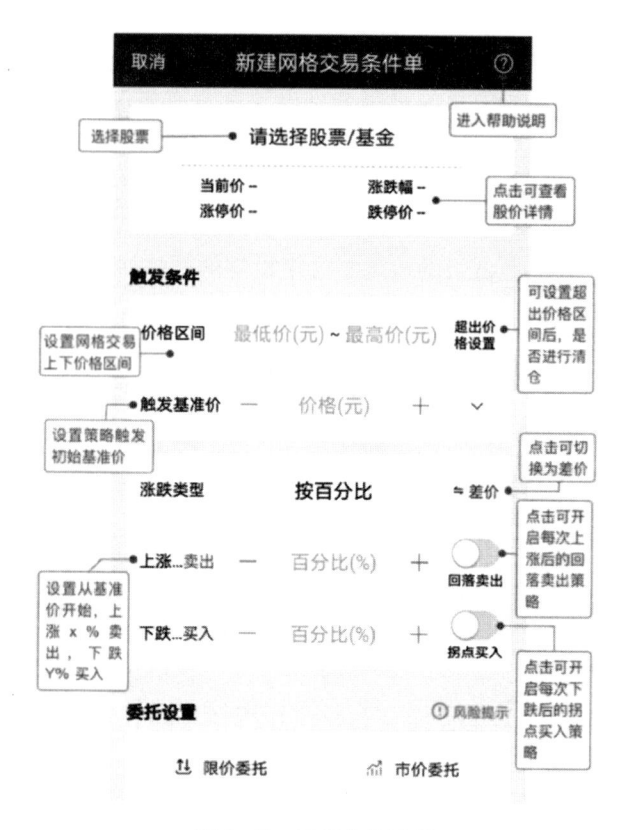

图 4-6　网格交易示意

资料来源：某证券交易 App。

此外，还有一种关于网格设定的进阶打法——参考估值设定网格。它将估值工具与网格交易策略结合起来，不是根据价格变化设定网格，而是根据估值的变化。比如说，根据 ETF 所跟踪的指数特点，选定估值指标，如市盈率，接下来通过回顾市盈率变化的历史区间，确定百分位点，再根据百分位画出不同格子，对应不同的仓位占比，例如：

市盈率为 0～20%（含）时，保持 100% 仓位。

20%~40%（含）时，保持80%仓位。

40%~60%（含）时，保持60%仓位。

60%~80%（含）时，保持30%仓位。

80%以上时，保持10%仓位。

根据市盈率估值变化，对照仓位要求执行买入或卖出操作，也可以达到在区间内反复高抛低吸的效果。

第四，定期复盘。

每隔一段时间，对网格交易策略的实战效果进行定期复盘，评估是否需要对投资标的进行调整，或是对网格设定、资金分配等参数进行优化。要特别注意，如果选择的ETF所跟踪指数的基本面出现永久性恶化，价格持续下跌，导致整体的价格中枢与波动区间一路下行，这种情况下就要考虑做出大的调整。

实战小案例

网格交易如何操作？

华华手中有一笔可供投资的资金，每月的工资除了维持个人和家庭正常开支，还有一部分剩余的闲钱。在这种情况下，他设计了一个网格交易策略。

他选择的标的是波动趋势比较明显的科创50ETF，采取了动态设计网格的办法，以2022年5月10日为价格基准日，将网格步长设定为1.86%。他根据自己的资金情况，第一次投入了81 600元，之后指数相对基准每下降1.86%，他就买入6666.67元的ETF产品；每上涨 1.86%，就卖出 6666.67 元的 ETF 产品。

华华的网格交易操作持续了一年时间，在 2023 年 5 月 10 日时他进行了回顾复盘。其间，科创 50 指数震荡上行，区间涨幅 6.31%。但是因为华华选择了网格交易策略，通过事先规划好的方式，华华从指数的上下震荡中反复高抛低吸，获得了超越指数的正收益。他的收益率达到了 21.63%，与指数 6.31% 的表现相比，相当于赢得了 15.32% 的超额收益，这就是网格交易策略的魅力（见图 4-7）。①

交易品种	科创50
时间区间	2022-05-10—2023-05-10
网格收益	21.63%
指数收益	6.31%
超额收益	15.32%
首次投入金额	81 600.00元
单次交易金额	6 666.67元
设定网格大小	1.86%

网格序号	价格（元）	买入数量	卖出数量	要用资金量（元）
15	1.229	0	持有数量	
14	1.207	5 600	5 600	6 666.67
13	1.184	5 600	5 700	6 666.67
12	1.163	5 700	5 800	6 666.67
11	1.142	5 800	5 900	6 666.67
10	1.121	5 900	6 100	6 666.67
9	1.100	6 100	6 200	6 666.67
8	1.080	6 200	6 300	6 666.67
7	1.060	6 300	6 400	6 666.67
6	1.041	6 400	6 500	6 666.67
5	1.022	6 500	6 600	6 666.67
4	1.003	6 600	6 800	6 666.67
3	0.985	6 800	6 900	6 666.67
2	0.967	6 900	7 000	6 666.67
1	0.949	7 000	7 200	6 666.67
0	0.932	7 200	0	6 666.67

图 4-7 网格交易实战

资料来源：华夏基金。

---

① 科创 50ETF 成立于 2020 年 9 月 28 日，成立以来完整会计年度业绩/同期业绩基准表现：2020 年为 -0.28%/2.13%，2021 年为 1.21%/0.37%，2022 年为 -31.14%/-31.35%，2023 年为 -10.36%/-11.24%。成立以来业绩/同期业绩为 -37.70%/-37.54%，截至 2023 年 12 月 31 日。业绩比较基准为上证科创板 50 成分指数收益率。数据来自基金历年年报，经托管行复核。

风格轮动策略：伺机而动，顺势而行

风格轮动策略是根据市场风格变化，在不同时期选择不同风格的投资产品，借助不同风格产品此消彼长的波动，争取抓住当下表现最出色的一类产品以求获得超额收益。

对 ETF 投资来说，这是一套很经典的中短期交易策略，这一策略非常容易理解，但实际操作中想要成功运用则需要多方面的能力。我们来看看风格轮动策略背后的理论体系。

首先，ETF 的市场风格可以通过两个基本维度进行划分。一个是按市值划分，分为大盘、中盘和小盘。其中大盘型 ETF 所跟踪的指数，其成分股以市值较大的大盘股为主，以此类推，中盘和小盘 ETF 跟踪的指数成分股分别为市值中等与市值较小的股票；另一个是按估值划分，分为价值型、平衡型和成长型，一般来说，ETF 产品所跟踪指数的市盈率较低，被认为是价值型，较高是成长型，平衡型则表现适中。

这两个维度的属性是可以叠加的，我们可以画出一个九宫格，在九宫格中给具体的 ETF 产品找到一个位置。一般来说，指数编制时会考虑到风格的相对稳定性，在一段时间内指数在这两个维度中呈现的风格是相对稳固的。比如华夏的上证 50ETF，它在 2024 年第一季度的风格以大盘平衡型为主（见图 4-8）。[1]

---

[1] 依据上证 50ETF 2024 年 6 月底持股分析得出，持股情况见上证 50ETF 2024 年第 2 季度报告。

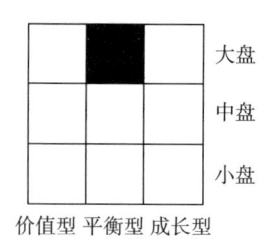

图 4-8 ETF 风格九宫格

资料来源：华夏基金。

其次，不仅在经济周期的不同阶段不同市场风格 ETF 的表现各不相同，投资者情绪的变化也会在短期内对市场风格所对应产品的表现产生影响。

最后，某一市场风格的 ETF 产品，在一段时间内可能相对于其他风格的 ETF 产品产生显著的超额收益。这种情况是此消彼长、不断变化的。我们如果能够捕捉到不同时期内更有优势的市场风格并进行有针对性的 ETF 配置，就有可能拿到比较丰厚的超额收益。

这一理论体系是风格轮动策略的坚实支撑。当然，这套策略也经历了专业机构和个人投资高手的实战检验，如果能够用好，确实会发挥很大作用。

1. 风格轮动策略适合谁？

风格轮动策略适合的对象，主要包括下面几类。

一是具备一定经验和市场感知能力的进阶投资者。风格轮动策略要求我们对不同 ETF 的风格类型具备判断能力，也需要了解经济周期、行业趋势、市场热点的有关情况，把握市场风格变化的时机。对我们来说，要用好风格轮动策略，除了学习和积累经验外，还要学会善用各种外部工具，包括能够判断 ETF 风格的网站，以及协助把握市场风格趋势和转换时机的专业机构投研与投顾服务，或许会发挥事半功倍的作用。

二是具有一定操作能力的中短线投资者。 灵活运用风格轮动策略，有力把握市场不断变化的中短期趋势，寻找投资机会，这种操作对及时进行转换调整的操作能力有一定要求。同时，需要我们具备止损意识和实操能力，有效管控风险。

三是拥有一笔闲钱的资产配置需求者。 风格轮动策略一般情况下不是将本金分次分批投入，而是围绕一笔可投资金进行反复变化的轮动操作。因此，它比较适合手头已经拥有一笔可投资金、具有资产配置需求的投资者。

2. 如何进行风格轮动操作？

在实战中进行风格轮动操作，主要包括以下几步。

第一，风格识别。

风格轮动实战的第一步，是对当前主导性的市场风格进行识别和判断。这需要我们对不同风格进行深入了解，结合对于经济周期、行业趋势、市场情绪等各个方面的分析，做出分析和判断。同时，我们还需要对不同 ETF 产品的风格有所认识，这一点可以借助基金公司网站、第三方平台的信息，做出相对准确的把握。

第二，产品配置。

根据识别出的市场风格，选择相应的ETF产品进行投资，在对同一风格的ETF产品进行比选时，可以参考前面提过的选择方法。同时，在配置具体产品时，即便是同一风格的产品，也需要对分散风险有所考虑，尽可能形成一个适应当前市场风格的投资组合。

第三，转换调整。

根据投资组合的实战表现，对投资的具体产品进行调整。

除了正常的周期性回顾与优化，对风格轮动策略来说，最重要、最关键的是我们要把握市场风格转换的时机，及时完成不同风格ETF产品的换仓操作。这需要具备较强的信息获取与市场分析能力，还要对宏观经济数据、市场大势和投资组合的具体表现保持持续跟踪。

总的来说，风格轮动策略是一个中短期策略，但仍然需要我们保持一种长期主义的定力，避免在短期市场波动下做出冲动决策。同时，在转换调整的实操中，也需要注意有效控制操作成本，减少不必要的频繁操作。

第四，管理风险。

风格轮动策略对市场感知水平与操作能力有一定要求，它在可能带来较高超额收益的同时，也伴随着比较复杂的风险状况。可以考虑通过设定止损策略、分散具体投资产品等手段有效管理风险，并且始终对市场保持敬畏，谨慎行事。

> 实战小案例

风格轮动如何操作？

夏夏手里有1万元"闲钱"，她在2020年初到2021年底的两年时间内，尝试运用了风格轮动策略进行ETF投资。

2020年初入市的时候，她判断市场的风格有利于大盘，所以她选择了属于大盘型的上证50ETF产品。从2020年初到2021年春节前的2月10日，上证50指数从3078.28点上涨到了4028.53点，上涨幅度达到30.87%。在不考虑交易成本、跟踪误差等因素的情况下，按照上证50全收益指数（将样本股分红计入指数收益）同期涨幅34.97%计算，她的1万元变成了1.35万元。

也就是在这个时候，夏夏判断市场的风格即将发生转换，大盘风格将会被小盘风格所代替。所以，她选中了代表小盘风格的中证1000指数，将持仓全部换为中证1000ETF产品。从2021年2月10日到当年年底，中证1000指数从6303.31点上涨到了8010.32点，上涨幅度达到27.08%，同样按照中证1000全收益指数同期内29.24%的涨幅计算，她的1.35万元进一步增值为1.74万元，两年总收益率达到了74%。

如果她不采取风格轮动策略，会是什么结果呢？假设她一直持有上证50ETF，不考虑跟踪偏离，不做转换调整，两年的收益率只有19.54%；或者假设她从一开始就买中证1000ETF，不考虑跟踪偏离，结果会好一些，两年收益率将达到43.47%，仍然不能和风格轮动策略的战果相比。显然，夏夏的风格轮动策略，

第四章　实战：怎样成长为ETF投资高手

成功帮助她获得了丰厚的超额收益（见图4-9和表4-5）。①

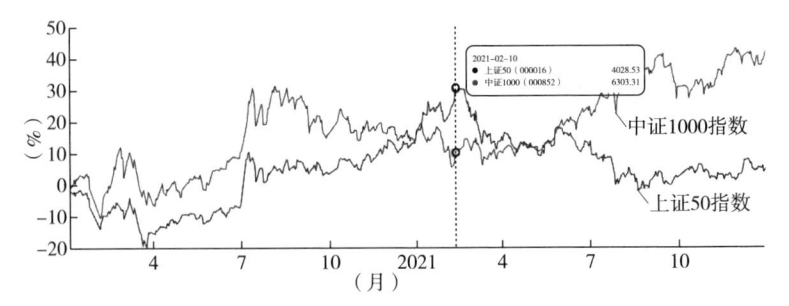

图4-9 风格轮动实战示意

资料来源：中证指数公司。

表4-5 风格轮动的简单示例

夏夏	区间1涨幅	区间2涨幅	买入持有策略
上证50全收益	34.97%	-15.43%	19.54%
中证1000全收益	14.23%	29.24%	43.47%
轮动策略	74.44%	—	—

注：区间1为2020年1月2日~2021年2月10日。区间2为2021年2月10日~2021年12月31日。

---

① 上证50ETF成立于2004年12月30日，近5年完整会计年度业绩/同期业绩基准表现：2019年为35.72%/33.58%，2020年为20.64%/18.85%，2021年为-9.13%/-10.06%，2022年为-17.68%/-19.52%，2023年为-9.26%/-11.73%，截至2024年6月30日。成立以来业绩/同期业绩为287.61%/175.68%，截至2023年12月31日。业绩比较基准为上证50指数。数据来自基金历年年报，经托管行复核。中证1000ETF成立于2021年3月18日，成立以来完整会计年度业绩/同期业绩基准表现：2022年为-21.24%/-21.58%，2023年为-5.62%/-6.28%。成立以来业绩/同期业绩为-1.60%/-6.22%，截至2023年12月31日。业绩比较基准为中证1000指数收益率。数据来自基金历年年报，经托管行复核。据万得资讯统计，上证50全收益指数最近5年涨跌幅分别为2023年为-8.67%，2022年为-17.02%，2021年为-8.18%，2020年为21.98%，2019年为37.32%；中证1000全收益指数最近5年涨跌幅分别为2023年为-5.28%，2022年为-20.77%，2021年为-21.61%，2020年为20.45%，2019年为26.98%。指数过去表现不代表未来。

行业轮动策略：玩转周期，立于潮头

说完风格轮动策略，我们再来说说行业轮动策略，这也是一种动态调整投资方向的投资方法，区别是，它的关注点不在于市场风格的变化，而是在经济周期不同阶段和不同的市场趋势下，各个行业股票可能出现的巨大差异。

随着经济增长、政策变化和技术进步，某些行业会在特定时期表现出色，另外一些行业则有可能暂时落后。如果在进行ETF投资的时候，能够捕捉到行业此消彼长的变化，抓住优势行业，果断调整投资方向，就有可能获得超额收益。

行业轮动策略的理论基础与风格轮动策略是比较相似的。区别在于，行业转换背后的逻辑相比市场风格转换要更加清晰一些。

平心而论，对于市场风格在大盘和小盘之间、价值型和成长型之间的转换，背后的逻辑究竟是什么，目前研究者并无定论。一些投资者认为，情绪或者说投资者心态的影响可能是更加重要的因素。但是，热点行业之间的转换与变迁也可以做出一部分解释，至少包括以下四个方面。

第一，经济周期的影响。 在经济周期的不同阶段，不同行业的表现存在明显差异。比如说，在经济扩张周期，工业和原材料行业的表现通常比较突出；在衰退周期，医疗保健和公用事业等行业则表现更加坚挺，体现了强劲的防御性。

第二，政策的影响。 公共政策或者行业政策的变迁，可能对某些领域产生巨大而深远的影响。比如节能环保与"双碳"政策，对于清洁能源行业是很大利好，对于传统能源行业则有可能产生负面影响。

第三，技术创新的影响。技术创新经常被认为是影响经济的长期因素，但在资本市场上也有显著的短期影响。这是因为技术创新在经济中的应用并不是线性的，在技术突破临界点之后，往往能带来相关领域的爆发增长。这些临界点可能是成本的变化，比如光伏行业度电成本的变化；或者是性能的变化，比如AI（人工智能）性能和体验提升带来的行业繁荣。

第四，市场趋势等其他因素的影响。市场趋势变迁、消费者偏好变化等其他一些因素，也会直接或间接导致行业表现的此消彼长。

正是因为有上面这些因素的存在，我们在应用行业轮动策略进行ETF配置的时候，除了可以和风格轮动策略一样，通过及时获取信息、感知市场动态做出判断，还可以借助对经济周期、政策、科技进步、消费者心理等因素的长期持续观察，更加精准地把握市场热点轮动更替变化的脉络。

行业轮动策略适合的对象和风格轮动的情况也比较相似，主要区别在于，除了市场整体情况外，还需要对行业主题的特点和变化情况有所了解。当然，我们依然可以依托专业机构的投研和投顾服务，获得帮助和支持。

那么该如何进行行业轮动操作呢？按照行业轮动策略进行ETF投资实战操作，和风格轮动的操作步骤比较相似，也包括分析识别、产品配置、转换调整、管理风险等几个主要步骤。

和风格轮动策略相似,这种策略对市场分析感知能力、操作水平、风险控制能力、成本控制能力、投资心态等都有一定要求。除此之外,如果能对经济周期、政策变化、科技进步、消费者心理等可能催生行业轮动变化的因素,保持长期关注与敏锐觉察,将有助于准确把握行业热点的切换脉络,及时果断调整 ETF 产品的配置方向,将超额收益稳稳抓在手中。

在具体产品标的方面,风格轮动策略主要是在各类宽基指数 ETF 中进行轮动操作,那么行业轮动策略的操作靠什么产品呢?显然,市场上丰富的行业指数 ETF 和主题指数 ETF,是施展行业轮动策略的广阔天地。

如何用好量价指标:精研量价,掌控情绪

对于 ETF 这种交易型工具,很大一部分投资者都是采用自上而下或者中观行业研究的方法进行投资,但投资的多元世界不仅限于此,量价指标、投资者情绪乃至行为金融都是分析市场动态和投资机会的重要工具,技术分析也是不少投资者常用的辅助工具。我们在前文中介绍了网格交易、风格轮动、行业轮动三种主要的 ETF 进阶投资策略,下面,介绍一类能够有效补充上述策略的工具——量价指标。

1. 什么是量价指标?

按照技术面分析派的传统底层逻辑,市场行为本身就包括了所

有的相关信息，投资者的行为、情绪和心理，会直接反映于价格走势。因此，主要依靠市场的历史数据，包括价格和成交量等，通过图表、技术指标和技术分析工具，就可以对市场未来的趋势做出分析，指导买卖决策。

技术分析主要在两个层面上发挥作用，一方面，通过对市场指标的分析，投资者有可能看清市场处于什么方向与阶段，在一定程度上避免羊群效应、过度自信及启发式偏见等非理性认知；另一方面，如果很多人依赖同样的指标和模式而导致自我实现的预言，即人们因为相信某种模式而采取行动，这种行动便反过来论证出了该模式的有效性。

在各类技术分析指标中，量价指标是其中非常重要的一个门类，它是指对于成交量与成交价格之间关系进行分析的一系列指标。量价指标能够帮助我们做什么呢？它有两个最基础的作用。第一，它可以解释市场的供需情况。第二，它可以更好地感知和把握投资者情绪的波动。与前面部分我们介绍过的估值指标相比，量价指标更适合用于判断 ETF 的中短期市场趋势，正好和关注 ETF 中长期走势的估值指标形成了良好的配合，很适合在实战中搭配起来应用。

对 ETF 投资来说，应用量价指标并不是一种特定的策略、模型或者资产组合的配置原则。但是，作为市场普遍认可、历经实战反复检验的重要技术分析工具，量价指标能在执行投资策略时，更加精准有效地感知市场、理解市场，继而规划下一步投资方向。

2. 主要的量价指标有哪些？

我们来看看较为常用也相对好用的一些量价指标。

第一，成交量指标。

成交量反映了某个板块成功完成交易的规模。这个指标解释了特定产品所在板块的市场参与者的活跃程度。从市场规律来看，强势板块、产业、产品的崛起，基本伴随着价能、量能的走强，在成交量上能够得到直观体现。

对ETF投资而言，成交量指标的变化，可以作为市场趋势的一个确认信号。比如，当某只ETF产品在价格上涨的同时成交量显著增加，这可能表明上涨趋势有较强的支撑；如果只是价格上涨而成交量没有跟上，这种上涨趋势的成色就要打折扣了，最好还是再观察一下。整体而言，上涨需要成交量的支持，可以作为市场活跃、机会更多的信号，下跌在很多时候则是缩量下跌。

成交量指标还可以帮助感知市场情绪。比如，某只ETF的交易量在短期内出现异常剧烈波动，这可能是投资者情绪极端化的表现，通常在这种情况下，我们就要注意风险了。

第二，资金流指标。

资金流指标反映了某个板块一段时间内的资金流入和流出状况。某个板块的资金流入流出状况，反映了市场买卖力量的变化。多空力量的对比是未来决定该板块价格走势的重要因素，因此，资金流指标可以提供判断未来价格趋势的线索。

一只ETF所在的板块资金净流入为正，通常表明市场整体看多，即市场预期它的价格将会上升；反之，则可能预示着价格的下降。

此外，资金流指标也可以帮助把握市场情绪。某只ETF所在的板块短期内出现大量资金流出，通常表示投资者出现大量主动性卖盘，甚至是恐慌性卖盘。这是投资者看空ETF后市表现的标志，应当注意风险。

第三，动量指标。

动量指标反映了某个行业或板块的价格变化幅度在方向和变化率上的发展趋势。动量指标的底层逻辑，类似于物理学上的惯性。对ETF投资而言，特定的风格、行业和具体产品，往往呈现出一定的惯性趋势。比如说，一个产业板块的ETF表现强势，这种强势在短期内往往是具有延续性的，但当它的动量指标逐渐走弱，则有可能是强势趋缓甚至反转的标志。

对我们来说，这个指标可以帮助分析特定风格、行业、主题甚至具体产品的趋势强度，对其热度和参与度的变化趋势进行分析，从而做出买入或者卖出决策。

第四，波动率指标。

波动率指标反映了某个指数、板块价格的波动程度。对ETF投资而言，高波动率通常意味着这只产品的市场不确定性增加，而低波动率则可能表示市场相对稳定。我们可以利用波动率指标来评估市场风险，选择合适的入场和退出时机。

第五，换手率指标。

换手率指标反映了一段时间内，某个板块或行业转手买卖的频率，反映了市场流通性的强弱和投资者参与度。对ETF投资而言，这个指标能够判断交易活跃度和流动性。一个行业板块乃至一只产品的换手率高，可能表示它受到市场追捧，交投比较活跃，产品流动性也比较好。换手率过低，则需要判断它受到的投资者关注是不是太少了。在执行各种策略操作时，也需要考虑清楚，如果流动性太低，则很有可能无法在事先设计的买入、卖出时点顺利完成交易。

第六，折溢价率指标。

正如前文提到的，在一级市场申购赎回，是按照基金份额参考净值即 IOPV 定价，也就是按照 ETF 对应的一篮子股票价格定价。溢价和折价的情况，基本上等同于 ETF 在一级市场和二级市场的差价。ETF 在二级市场的交易价格高于在一级市场的 IOPV，就会产生 ETF 溢价。相反的情况，就是 ETF 折价。我们可以通过观察 ETF 的折溢价率，判断市场对特定 ETF 产品的需求和情绪（见图 4-10）。

图 4-10　工具软件上展现的部分量价指标

注：截图为 2024 年 8 月 19 日收盘后截取，数据仅作示意，不做实际参考。
资料来源：红色火箭小程序。

3. 运用量价指标的实战打法

在 ETF 投资实战中，量价指标工具究竟应该如何使用呢？我们可以在应用投资策略的时候，配合量价指标，对市场形势和投资标的进行精准判断，这样一来，投资策略就会更加有的放矢。

例如，可以在采取行业轮动策略的时候，运用多个量价指标，对行业状况进行分析和判断，在选择热点行业投资的时候就会更加精确。同时还可以运用对于动量指标的分析，寻找更好的买卖时机。

需要注意的是，在实战中运用量价指标，需要不断学习和实践，提高理解和运用能力。如果你将量价分析的技术面打法，和宏观经济数据、行业发展趋势、基本面分析结合起来，其将发挥出更加强大的威力。

除了以上介绍的常用的基础性量价指标，在实战中，能力强大、富有经验的投资者也会采用一些进阶性的量价指标分析方法。即便是投资小白，也可以借助专业机构的投顾服务，发挥这些进阶量价分析的作用。

接下来，我们介绍两个有代表性的进阶量价分析打法。

第一，拥挤度预警。

拥挤度指标反映的是一个投资赛道交易活动的过热拥挤程度，它具有警示潜在风险的作用。在 ETF 投资中，如果某个行业赛道的成交额在总成交额中的占比快速上升，背后往往是投资者情绪过热、资金快速汇聚的局面，蜂拥而入的投资者和资金对于未来的期待更高，对于未来的流动性要求也会更高，行情将有很大概率无法继续下去。这个时候，你如果恰好在这个赛道中，就应该对拥挤度预警保持警惕。如果相关行业板块的上涨动量明显趋缓，甚至出现反转，就应当考虑减仓了。

拥挤度指标本身是基于对时间序列一系列量价指标的测算和评估，利用好这一指标往往需要一系列专业知识。在这方面，专业机构的能力更为全面，可以帮助投资者利用好拥挤度指标。根据针对部分目标指数的实战统计结果，拥挤度预警触发后进行操作能够实现较高的投资胜率，这说明拥挤度指标确实能够帮助实现相对稳健的择时（见图4-11）。

第二，指数温度计。

指数温度计是将估值指标与量价指标结合起来帮助判断ETF所跟踪指数的所处状态，继而合理控制ETF投资仓位，提供具有参考意义的指引。具体来看，指数温度计以指数估值为基础，结合板块动量、成交量等数据对行业走向进行跟踪刻画，行业及风格的演绎存在一定的趋势效应，而强势板块的崛起伴随着价能、量能的走强，当估值较高或者量价指标得分排序靠后时，判定温度位于高温区间，板块存在进一步走弱的可能。

按照指数温度计体系，需要将指数估值水平的所处历史分位数与量价指标结合起来，形成综合判断，进行仓位评估。目标ETF产品所跟踪的指数，在当前估值水平位于历史10%分位以下时属于低估状态，此时倾向于超配ETF产品，当量价指标同时看空时配置50%的仓位，否则配置100%。当前估值水平位于

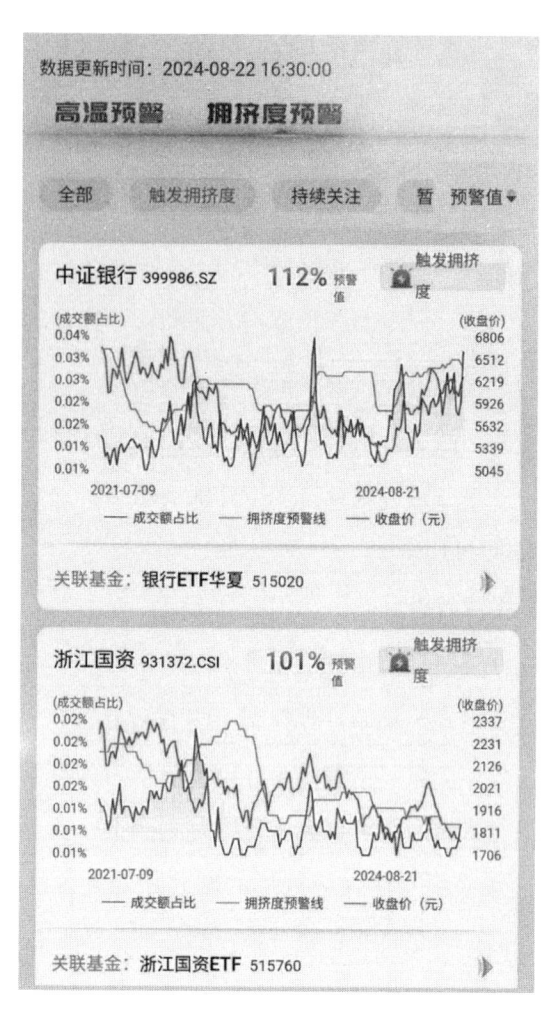

图4-11 华夏基金指尖北斗小程序——指数拥挤度预警
注：截图为2024年8月23日盘中截取，数据仅做示意，不做实际参考。
资料来源：指尖北斗小程序。

10%~90%分位数时，指数处于合理估值区间，此时看量价均线模型：两模型均看多，配置100%；一多一空，配置50%；均看空，配置0%。当前估值水平处于90%以上时，指数处于高估状态，此时倾向于低配 ETF 产品，当量价指标同时看多时配置 50%，否则配置比例为 0%（见图 4-12）。

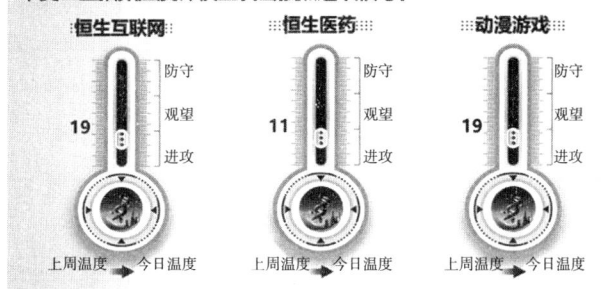

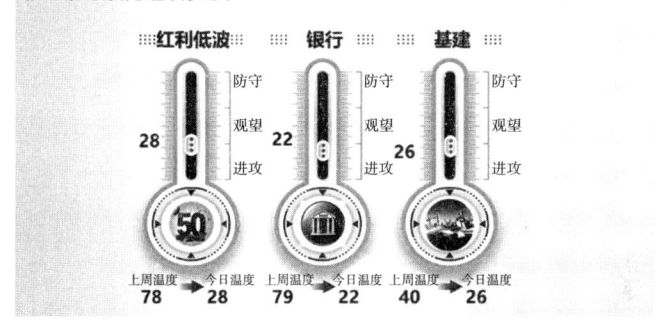

图 4-12 华夏基金指数温度计——交易信号
注：截图为 2024 年 8 月 23 日盘中截取，数据仅做示意，不做实际参考。
资料来源：指尖北斗小程序。

投资利器：资产配置策略

接下来我们介绍资产配置策略，严格来说，资产配置不仅是策略问题，更是投资战略问题。

资产配置的重要性

华尔街传奇投资家、摩根士丹利前首席战略官巴顿·比格斯（Barton Biggs）曾经说过，世界上只有两位真正伟大的投资者，就是巴菲特和大卫·史文森（David F. Swensen）。

熟悉巴菲特的人很多，而且很多人都知道，他主要是通过坚持价值投资理念、自下而上进行深入研究、参与改善公司治理，赚取伟大公司持续创造的长期收益。

但是了解大卫·史文森的就不多了，其实在投资界，他是与巴菲特齐名的伟大人物。大卫·史文森开创了另外一个著名的投资流派，他的投资理念是通过长期视角、多元化配置和风险管理，实现资金的平衡安全与收益。因为在去世之前，大卫·史文森是耶鲁大学的首席投资官，所以他的投资理念也被称为"耶鲁模式"[1]，对后世投资理论的研究和实践产生了巨大而深远的影响。

对 ETF 投资而言，决策维度主要集中于大类资产类别、市场风格和行业比较。由于指数自身已经对股票做了优胜劣汰，完成了自下而上的公司优选过程，巴菲特的投资理念对 ETF 投资而言，已经

---

[1] 大卫·史文森创新的投资策略被称为"耶鲁模式"，其中包含多元化资产配置、长期投资视角、再平衡策略、专业团队管理等，在其管理的 1985—2018 年，耶鲁捐赠基金平均年化收益率达到 12.4%。详见其著作《机构投资的创新之路》。

不太容易再去拓展了。相反，在ETF投资领域能做的事，反倒更多地体现为多元资产配置，也就是大卫·史文森擅长的资产配置策略。

我们在介绍各种策略的时候已经逐步了解，长期有效的、稳定的、能够创造超额收益的策略其实是非常稀缺的，任何策略在长的时间周期内，都存在失效或者失灵的可能性。面对资本市场的巨大不确定，只有极少数投资品种称得上稳定——股票这样的具体投资品种，它的长期价格是围绕价值波动的，具有均值回归的特征。与此同时，合理的多元化配置则可以在不提升风险的情况下，有效降低整体资产组合的波动。这就是配置策略的重要性所在。

通过比较我们可以发现，大卫·史文森以多元化配置和分散投资为核心的"耶鲁模式"与ETF这种投资产品，可以说天生就气场相合，背后的原因至少有以下三个方面：

第一，ETF投资强调分散风险，天生就带有多元化配置的基因。

第二，ETF投资追求平均收益，在克服个股"黑天鹅"事件影响、抵御短期市场波动影响方面，也很有优势。

第三，ETF可触达的资产类别范围很广阔，除了跟踪以股票指数为主的权益类ETF，还包括债券ETF、货币ETF、商品ETF等，为丰富资产组合创造了条件。

在巨大的市场不确定性面前，深入了解资产配置策略，有助于更好地发挥ETF投资的优势，在更大范围内实现多元化的资产配置，提高资产组合的抗风险水平。

用 ETF 构建资产配置组合

资产配置策略的底层逻辑是什么？为什么分散投资标的，实现资产配置多元化，就能够更好地抵御风险？这背后有很多理论支撑，最重要的就是马科维茨理论。

马科维茨理论又称"现代投资组合理论"，它由美国经济学家哈里·马科维茨（Harry Markowitz）于 1952 年首次提出。凭借这套理论，他在 1990 年获得了诺贝尔经济学奖。按照现代投资组合理论，分散投资多种资产，可以降低投资组合的整体风险，因为不同资产之间的收益率可能相关性较低。

这套理论用我们熟知的大白话来说，其实就是"不要把鸡蛋都放在一个篮子里"。按照这套理论，资产配置本身就是分散风险、抵御风险的根本性手段，而配置的目标是获取长期更加稳健的收益。

通过分析主要 ETF 品种的底层资产，我们印证出了如下规律。

第一，不同类别资产的相关性较低。比如，黄金和大盘股票之间就没有太强的相关性。在这种情况下，资产配置巧妙选择不同投资品种，充分利用品种之间的低相关性，就能提高抗风险水平、争取更多超额回报。

第二，某些同类资产、关联资产之间存在很强的相关性，通常在很多场景和区间下同涨同跌。比如，股票中的大盘股与中盘股，债券中的利率债与信用债等。如果在建立投资组合时，对这样的同类资产或者相关资产依赖过度，配置过多，就有可能达不到分散配置、分散风险的效果。

彼此相关性不强的资产，常常会呈现"东方不亮西方亮"的特征。一类资产表现不佳，另一类资产的收益则相对不错。这种情况下，投资组合的整体表现就得到了对冲和平衡，长远来看，有利于更好地减少整体波动、保持稳定回报。

表4-6表现了部分主要资产种类之间的相关性情况。

表4-6　不同大类资产指数年度涨跌幅　　　　　　　　　　　（%）

年	沪深300	恒生指数	标普500	SGE黄金9999
2010	-12.51	5.32	12.78	24.60
2011	-25.01	-19.97	0.00	6.11
2012	7.55	22.91	13.41	5.20
2013	-7.65	2.87	29.60	-29.14
2014	51.66	1.28	11.39	1.19
2015	5.58	-7.16	-0.73	-7.30
2016	-11.28	0.39	9.54	18.38
2017	21.78	35.99	19.42	3.30
2018	-25.31	-13.61	-6.24	4.01
2019	36.07	9.07	28.88	19.94
2020	27.21	-3.40	16.26	13.83
2021	-5.20	-14.08	26.89	-4.85
2022	-21.63	-15.46	-19.44	9.84
2023	-6.83	-8.61	17.28	15.04

资料来源：华夏基金，万得资讯，数据截至2023年11月15日。

除了这种"东方不亮西方亮"的差异，单一资产常常也会呈现收益率相对表现不断波动的情况。强者并非恒强，而是处于轮动之中。

我们对2008年以来各类资产的年度收益率情况进行了测算，发现没有任何一类资产可以连续领跑三年以上。前一年的最优资产，在下一年很可能表现很差，反之亦然。基于这一规律，如果在资产配置中充分分散投资品种，就有可能实现均衡配置，保持总体稳健（见图4-13和图4-14）。

2013	2014	2015	2016	2017	2018	2019	2020	2021	2022	2023(年)
56.72% 日经225	52.87% 上证综指	14.98% 深证成指	52.23% 原油	35.99% 恒生指数	8.64% 利率债	44.08% 深证成指	38.73% 深证成指	46.04% 原油	19.66% 南华商品	28.24% 日经225
57.00% 罗素2000	35.62% 深证成指	9.86% 信用债	51.34% 南华商品	34.24% 新兴市场	7.95% 信用债	28.88% 标普500	18.36% 罗素2000	25.04% 标普500	10.56% 原油	24.23% 标普500
29.60% 标普500	11.39% 标普500	9.56% 德国DAX	19.48% 罗素2000	19.42% 标普500	5.63% 美元兑人民币	25.48% 德国DAX	16.25% 黄金	20.32% 南华商品	9.84% 黄金	20.31% 德国DAX
25.48% 德国DAX	11.07% 利率债	9.41% 上证综指	18.38% 黄金	19.10% 日经225	3.75% 黄金	23.72% 罗素2000	16.01% 黄金	19.88% 斯托克600	8.57% 美元兑人民币	17.00% 黄金
17.37% 斯托克600	10.18% 信用债	9.07% 日经225	9.54% 标普500	17.25% 原油	3.75% 货币基金	23.16% 斯托克600	13.87% 新兴市场	13.67% 德国DAX	3.36% 利率债	15.09% 原油
3.95% 货币基金	7.12% 日经225	7.87% 利率债	8.58% 新兴市场	13.14% 罗素2000	-5.83% 南华商品	22.73% 原油	15.89% 日经225	12.51% 罗素2000	2.53% 信用债	12.74% 斯托克600
2.87% 恒生指数	4.60% 货币基金	6.79% 斯托克600	6.99% 美元兑人民币	12.51% 德国DAX	-6.24% 标普500	22.30% 恒生指数	13.87% 上证综指	5.53% 利率债	1.55% 货币基金	7.14% 新兴市场
1.51% 信用债	4.35% 斯托克600	4.64% 美元兑人民币	6.87% 德国DAX	8.48% 深证成指	-12.1% 日经225	19.94% 黄金	7.41% 南华商品	4.93% 日经225	-9.37% 日经225	6.21% 南华商品
-0.19% 原油	3.53% 罗素2000	3.62% 货币基金	2.90% 信用债	7.85% 南华商品	-12.18% 罗素2000	18.20% 日经225	3.58% 信用债	4.91% 信用债	-12.35% 德国DAX	5.66% 信用债
-2.81% 利率债	2.65% 德国DAX	-0.73% 标普500	2.61% 货币基金	7.68% 斯托克600	-13.2% 斯托克600	15.77% 南华商品	3.55% 德国DAX	4.90% 上证综指	-12.90% 斯托克600	5.17% 原油
-2.83% 美元兑人民币	2.44% 美元兑人民币	-5.71% 罗素2000	2.55% 利率债	6.56% 上证综指	-13.61% 恒生指数	15.43% 新兴市场	2.63% 利率债	2.72% 深证成指	-15.13% 上证综指	2.94% 美元兑人民币
-4.98% 新兴市场	1.28% 恒生指数	-7.16% 恒生指数	0.42% 日经225	3.84% 货币基金	-16.62% 新兴市场	9.07% 恒生指数	2.13% 货币基金	2.22% 货币基金	-15.46% 恒生指数	1.96% 货币基金
-6.75% 上证综指	1.19% 黄金	-7.30% 黄金	-1.8.3% 恒生指数	2.61% 黄金	-17.0% 德国DAX	5.09% 信用债	-3.40% 恒生指数	-2.40% 美元兑人民币	-19.44% 标普500	-1.10% 上证综指
-10.9% 深证成指	-4.63% 新兴市场	-14.52% 南华商品	-1.20% 信用债	1.30% 信用债	-19.02% 原油	4.33% 利率债	-4.04% 美元兑人民币	-5.37% 罗素2000	-21.56% 罗素2000	-10.28% 信用债
-12.37% 南华商品	-16.54% 南华商品	-16.95% 新兴市场	-12.31% 斯托克600	-1.87% 利率债	-24.59% 上证综指	266% 货币基金	-6.27% 斯托克600	-6.3% 新兴市场	-22.37% 新兴市场	-13.54% 深证成指
-29.1% 黄金	-48.06% 原油	-34.41% 原油	-19.64% 深证成指	-6.29% 美元兑人民币	-26.08% 深证成指	1.23% 美元兑人民币	-21.64% 原油	-14.83% 恒生指数	-25.85% 深证成指	-13.61% 恒生指数

图4-13　2013—2023年主要资产品种的年度收益率情况
资料来源：华夏基金。

近年来，ETF市场不断快速扩容，其跟踪的指数范围已涵盖境内股票资产、跨境资产、债券资产、货币资产、商品资产等不同的底层资产，为构建投资组合提供了丰富选项。在这种情况下，我们可以通过购买不同种类的ETF产品，方便地搭建资产配置组合，达到优化配置、分散风险的目标（见图4-15）。

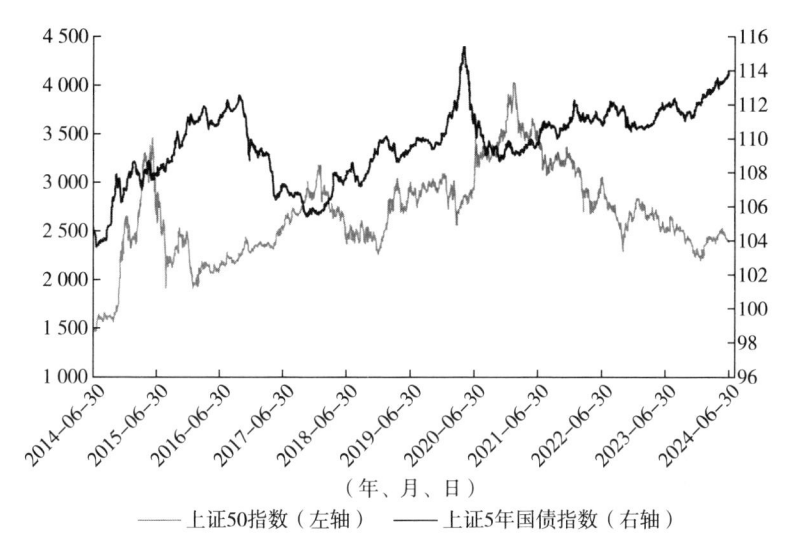

图4-14 上证50与上证5年国债指数表现
此消彼长情况（2014—2024）

资料来源：万得资讯，截取时间为2014年6月30日~2024年6月30日。

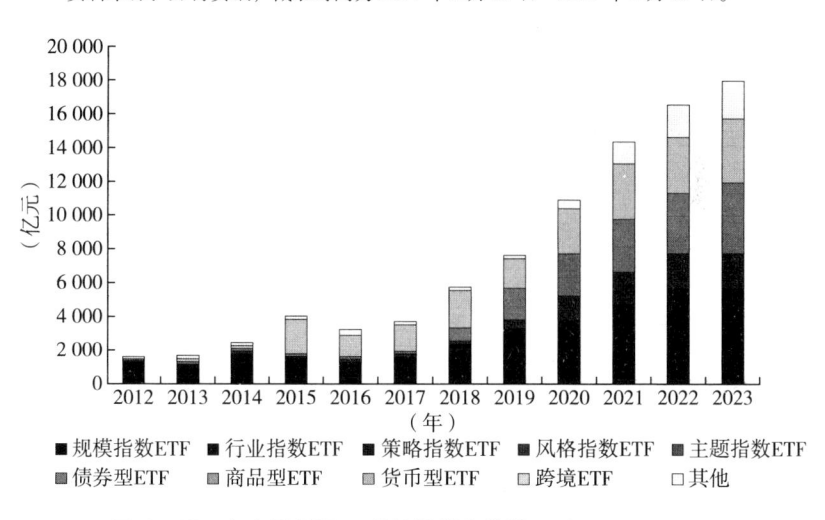

图4-15 各主要ETF品种的规模变化情况（2012—2023）

资料来源：华夏基金。

如何在实战中构建一个有战斗力的ETF资产配置组合呢？

我们来介绍一种经典策略——风险平价策略。它是钱思平博士在2005年首次正式提出的，近年来广受欢迎，在市场实战中取得了可观业绩。

这种策略的核心思路，是将资产分散配置于相关性较弱的不同大类资产，每一类别之间的风险水平保持相对平均配置，简而言之，就是风险大的品种少配，风险小的品种多配，从而形成比较均衡的投资组合，获取稳健收益。此外，也可以根据自己的风险偏好，基于不同种类ETF之间的轮动情况，构建具有个性化特征、跟随市场情况不断调整的配置组合。

实战小案例

风险评价策略如何操作？

第一步，确定资产配置组合中的资产大类和小类。

选择股票ETF、债券ETF、商品ETF三个彼此相关性较弱的大类。其中，股票ETF选择跟踪A股市场、港股市场、美日等其他境外市场指数的宽基ETF，三个小类。

债券ETF选择跟踪债券指数的ETF，一个小类。

商品ETF选择黄金现货指数ETF、其他商品期货指数ETF，两个小类。

第二步，确定商品ETF比例。

考虑到商品类资产的相对高风险性，总配置比例确定为全部资金的10%~30%，可以根据具体风险偏好、市场情况等优化调整，整体不超过30%。

- 商品ETF的两个小类之间，黄金ETF和其他商品ETF均衡配置比例按1:1确定，可以根据不同种类之间的轮动情况进行调整，对优势产品进行超配，劣势产品进行低配，超配上限比例不超过总体的15%，低配下限不低于5%。

- 其中，黄金是商品大类中最为重要的品种。除了本身的商品属性，黄金走势更多受其金融属性及避险属性等多重影响，与经济周期相关性不强，有助于分散风险。通过投资黄金ETF参与、配置黄金资产，可以有效降低投资组合的波动。按照前面说过的配置思路，超配、中配、低配时的配置比例分别为15%、10%、5%（见表4-7）。

表4-7 黄金配置比例 (%)

	超配	中配	低配
比例	15	10	5

其他大宗商品与金融资产、房地产等资产不同，无法获得持续性现金收入，价格走势与投资收益依赖于市场供求关系影响下的价格变动。在投资组合中，这类资产的作用主要是发挥多元化配置降低波动的价值，同时在战术层面捕捉阶段性机会。具体的投资品种除了商品期货指数ETF外，也包括与商品价格高度相关的资源类股

票 ETF。超配、中配、低配时的配置比例也是 15%、10%、5%（见表 4-8）。

表 4-8　其他大宗商品配置比例　　　　　　　　　　　　　　　（%）

	超配	中配	低配
比例	15	10	5

第三步，确定股票 ETF 和债券 ETF 之间的比例。

股债比的基准设定为 1:1，根据风险偏好、市场动态、轮动情况进行调整。股票超配到极限时，股债配比为 2:1；债券超配到极限时，股债配比为 1:2（见表 4-9）。

表 4-9　股债配置比例

	超配权益	超配债券	等比例配置
比例（股:债）	2:1	1:2	1:1

第四步，确定股票 ETF 具体小类的配置比例。

- A 股市场、港股市场、美日等其他境外市场指数的宽基 ETF 等三个小类的基准比例设定为 1:1:1，对上述三个小类的总体表现进行综合判断然后排序。可以对排名第一的小类超配一倍，形成 2:1:1 的比例，或对排名第三的小类减配一半，形成 2:2:1 的比例。
- 具体来说，A 股呈现风格轮动特征，长期看各种风格整体收益相差不大，但不同阶段，成长/价值、大盘/小盘的表现往往并不同步，因此参照华夏基金的宽基轮动模型，每期配置模型推荐最优宽基产品。
- 港股部分，汇聚香港本地及部分内地优秀企业，基本面变化与 A 股同步，但也受到海内外投资者共同定价的影响。在基本面较好的情况下，考虑到中美之间货币政策的不同步性，同时考虑存在一批 A 股未包含在内、风格非常清晰的资产，如高弹性科技龙头股、高股息率红利股、高成长科技公司股等，具有独特配置价值。
- 其他境外市场部分，美国、日本等国发展阶段与周期相似，走势高度相关，采取各主要市场指数等权方式进行配置（见表 4-10）。

表 4-10 权益资产配置比例

	超配海外	超配 A 股	超配港股	均衡配置
比例（海外:港股:A 股）	2:1:1	1:1:2	1:2:1	1:1:1
	低配海外	低配 A 股	低配港股	
比例（海外:港股:A 股）	1:2:2	2:2:1	2:1:2	

如何巧借外力，提升投资体验

在各类投资理财工具中，ETF 的原理简洁清晰，信息公开透明，各种实战策略循序渐进，核心目标十分明确，就是要帮我们跟踪指数走势，追求市场平均收益。所以，它不仅是机构投资者和专业投资人士趁手好用的投资工具和资产配置利器，对投资新手和在业余时间进行投资理财操作的上班族，也是非常友好的。

不过，ETF 相对友好、入门容易，并不代表它没有技术含量。对个人投资者，特别是投资新手而言，仍然存在一系列痛点，例如：

如何确定自己的风险偏好和投资风格？

如何根据自己的需求场景，匹配合适的 ETF 大类？

如何在大类中遴选具体的 ETF 品种，乃至 ETF 产品？

策略指数 ETF 这么多，究竟哪种更适合？

如何选择合适的指数增强 ETF，在平均收益之外争取超额收益？

如何在实战中将定投、核心+卫星、网格、轮动等投资策略用好？

如何控制风险，管理仓位，进行合理高效的止盈止损？

如何建立符合自己需要的资产组合？

要回答上面这些问题，需要不断学习、提高理论水平，同时不断在实操中积累经验、提高能力。除了"提升内力"，发挥外力也是较为有效的手段。"君子性非异也，善假于物也。"巧妙借助外力，可以帮我们在 ETF 投资理财中提升投资体验。这方面的具体途径，包括吸取他人经验教训、听取专业人士建议等，而其中最重要的，是借助专业机构的投顾服务，让我们的 ETF 投资如虎添翼。

用好专业投顾服务，让 ETF 投资更上层楼

什么是投顾？顾名思义，投顾就是投资顾问，是为你的投资理财提供咨询顾问的服务。

根据《公开募集证券投资基金投资顾问业务管理规定（征求意见稿）》的表述，包括 ETF 投顾在内的基金投资顾问业务，是指向客户提供基金投资建议，辅助客户做出投资决策或者代理客户做出投资决策。具体的服务内容，包括全面了解客户情况，为客户提供资金规划、资产配置等投资规划方案，并根据客户不同的投资目标、投资期限等，为客户匹配不同的基金组合策略、辅助或代理进行决策等，还可以接受客户委托办理申购、赎回、转换等操作。

投顾是非常专业的工作，需要专业机构和专业资质，接受严格的金融监管。有人可能觉得，投顾服务，特别是个性化的专属投顾服务，似乎是高净值客户的专利。其实，随着普惠金融的不断推进、投顾服务机构服务能力的不断延伸，以及互联网技术发展的强劲支撑，投顾服务也具有了更多普惠服务的色彩。即使是刚刚进入市场的投资新手，也可以通过很多渠道，借助专业机构，获得内容丰富的投顾服务。

ETF 投顾的意义，是帮客户解决资产配置和时间陪伴问题，在 ETF 投资的全生命周期中，帮助客户更好地认识自己、认识产品，匹配自己的实际需求，选择合适的大类、品种和产品，用好投资策

略，构建属于自己的配置组合，实现有效的风险控制，把 ETF 的优势发挥到位，赢得实实在在的投资获得感。

这个要求其实并不低，所以，对提供投顾服务的专业机构来说，不仅需要专业资质、专业团队，还需要扎扎实实的专业能力，至少包括如下方面：

第一，了解客户，包括投资目的、投资风格、风险偏好与承受能力、现金流特点、专业水准与经验、"盯盘"投入程度等。

第二，了解市场，包括经济周期、宏观经济形势、政策环境、市场基本面与技术面、市场风格、行业与主题热点、全球环境、技术发展趋势等。

第三，了解产品，包括 ETF 各个大类和具体品种的优点缺点、适应场景等，在此基础上将客户需求与产品特性、市场状态有效匹配推介，为客户做好投资决策辅助与产品推荐。

第四，了解策略与工具，包括具体的 ETF 投资策略、资产配置策略，也包括在策略指数 ETF、指数增强 ETF 等产品中内嵌的策略，熟悉各类估值工具、量价工具与专业投资辅助工具，帮助客户将 ETF 产品的优势更好地发挥出来，形成客户独一无二的资产组合与策略组合，并根据形势变化不断调整优化。

第五，了解风险，包括宏观风险、具体的产品风险、特定的底层资产风险与投资策略风险等，帮助客户构建低风险系数的资产组合，关注与风险相关的重要指标，做好仓位管理，保持操作纪律，严格止盈止损。

> 小贴士

华夏基金的乐高式服务体系

华夏基金是境内 ETF 行业的先行者，2004 年率先推出了境内第一只 ETF 基金产品——上证 50ETF，正式拉开了中国 ETF 时代的大幕，到 2024 年正好是 20 周年。

截至 2023 年底，华夏基金共有 80 只非货币 ETF 产品，覆盖宽基、行业、主题、策略、增强、境外、商品、债券等各品种，规模超过 4000 亿元，市占率达到 21.77%，服务客户数量超过 350 万人，规模、市占率等各主要指标长期保持行业第一。

在 ETF 产品矩阵的打造上，华夏基金秉持"乐高思维"，以更具颗粒度的 ETF 产品创设原则，致力于提供更丰富的基础"模块"，期望通过指数投资构建的投资组合数量可以实现几何倍数的增长，以更好地应对多元化、细分化的客户诉求。

华夏基金总经理李一梅曾在演讲《ETF 是发展较快的赛道，我国 ETF 市场爆发出强劲生命力》中指出，ETF 工具化属性背后，不能忽视的是 ETF 的"网络效应"和"聚集效应"，即 ETF 产品数量越多，可供投资者使用的基础"模块"越丰富，最终能够构建的投资组合数量就可以实现几何倍数的增长。

ETF 风格清晰、运作透明的特征能解决客户的产品信任困境，投资顾问利用ETF作为底层工具，可在全面、深入了解客户需求的基础上，为客户提供适配的ETF产品配置解决方案，通过陪伴帮助投资者提升投资认知、优化投资行为、改善投资体验。

华夏基金全资子公司上海华夏财富投资管理有限公司在2019年10月获得证监会首批基金投顾业务牌照。华夏基金高度重视旗下子公司的投顾业务，华夏财富的ETF投顾服务体系，致力于通过ETF提供更优增长曲线，打造组合化、策略化的综合解决方案，其中包括：

第一，从用户需求出发，有效匹配策略。

根据投资者的不同投资能力及需求，为投资者提供多种策略，投资者可以根据自己的可投入时间、精力，可投资资金规模、期限等，综合选择适合自己的投资策略（见图4-16）。

基础策略	进阶策略	高阶策略
·短线波段操作 ·定期定额投资 ·买入长期持有 ……	·"核心+卫星"组合 ·大类资产配置 ·生命周期配置 ·网格交易 ……	·经济周期模型 ·行业轮动模型 ·套利交易 ……

图4-16 ETF投资策略

资料来源：华夏基金、华夏财富。

第二，买方思维的投顾模式。

通过利用ETF作为底层工具，在全面、深入了解客户需求的基础上，构建资产配置解决方案，并通过长期陪伴，提升投资认知、改善投资体验。

第三，从单品思维到服务思维。

华夏财富在市场通用的投资策略基础上开发了多种"投顾化"的指数投资策略，力求将指数单品思维升级成解决方案思维，跳出以单个产品为单位的服务模式，改为以策略为单位的服务模式，打造一个个多"兵种"协同的"合成营"，打造基于不同场景的ETF投资解决方案，发挥ETF的"模块化"核心功能，在复杂多变的市场环境中为投资者提供更多的确定性（见图4-17和图4-18）。

华夏基金指数策略框架——配置策略+交易策略

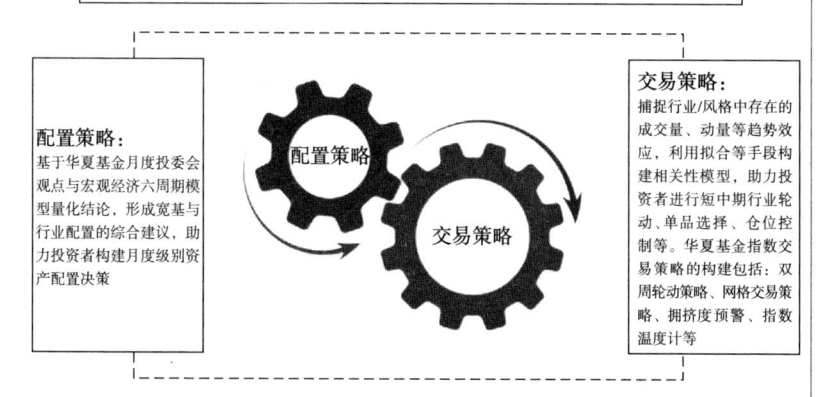

配置策略：
基于华夏基金月度投委会观点与宏观经济六周期模型量化结论，形成宽基与行业配置的综合建议，助力投资者构建月度级别资产配置决策

交易策略：
捕捉行业/风格中存在的成交量、动量等趋势效应，利用拟合等手段构建相关性模型，助力投资者进行短中期行业轮动、单品选择、仓位控制。华夏基金指数交易策略的构建包括：双周轮动策略、网格交易策略、拥挤度预警、指数温度计等

图4-17 华夏基金、华夏财富指数策略框架
资料来源：华夏基金、华夏财富。

	配置策略			交易策略	
策略名称	ETF月度配置策略	ETF大类资产配置组合	ETF周度交易组合	ETF双周轮动交易策略	ETF单品交易信号
发布周期	月度	月度	周度	双周	日度
策略定义	基于月度投委会观点和自主开发宏观六周期量化模型形成综合建议	基于耶鲁模式构建大类资产配置方案，结合公司投研观点战术性调整	基于事件观察及自主开发量化模型研究，周度提示相关ETF阶段性机遇	基于自主开发量化模型，双周轮动交易相关ETF品种	基于自主开发量化高频模型，针对单品高频发布攻防交易信号，提示阶段性交易机会
策略方法	主动+被动双模型决策：主动投资框架为主量化模型交叉验证	·战略配置：资产配置多元化理念 ·战术调整：公司内部多资产研究月度观点	·脉冲性机遇捕捉：资产配置多元化理念 ·战术调整：公司内部多资产研究周度观点	自主开发量价模型：资金流因子+动量因子	自主开发量化模型：估值+量价情绪指标
收益目标	通过行业/主题ETF的轮动配置，把握市场投资主线，追求实现长期绝对收益和回报	在风险约束的前提下尽量配置高收益资产来提高收益，同时通过多元分散配置，追求较低波动下的长期绝对收益	通过对市场短期热点的观察，通过ETF的高频轮动配置，追求实现长期绝对收益和回报	通过行业/主题ETF的高频轮动配置，把握市场短期热点，追求实现长期绝对收益和回报	通过行业/主题ETF的高频轮动配置，把握市场短期热点，追求中短期波段收益
组合特征	每期等权配置4~6只ETF产品	每期非等权配置股、债、商品等五大类资产，每类资产1~3只标的	每期配置： ·A/H宽基：2只 ·行业主题ETF：3只 ·债、商品等大类资产 ·ETF：1只	每期等权配置2只行业主题ETF产品	单只产品ETF
适用客群	ETF投资客群，具有一定交易需求、频率相对合理的个人客户和机构客户	以资产配置型客户为主	ETF投资客群，对ETF产品具有相对高频交易需求的客户		

图4-18 "投顾+ETF"应用实践：投顾化策略一览
资料来源：华夏基金、华夏财富。

第五章

悟道：参透 ETF 背后的秘密

至此，我们一起经历了从筑基、复盘、进阶到实战的完整过程，对于 ETF 这种极富魅力的投资理财工具有了系统了解。同时对于如何从自身实际情况出发、更好地运用这种"五边形战士"式的优秀工具，保卫来之不易的财富，力争资产保值增值，为自己和家庭赢得更好的生活，也有了比较清晰的认知。

在最后一章，我们回过头来，再来一起领悟 ETF 投资背后的底层奥秘，力争更好地理解投资逻辑背后的经济学底层基石，洞悉市场与人心，更好地完成心理建设，同时避开那些可能出现的坑坑洼洼，在投资理财这条漫漫征程上走得更加稳健。

ETF 投资的理论基石

在各类投资理财工具中，ETF 的原理看上去非常清晰简洁，它踏踏实实地追求市场平均收益，没有过多高深莫测、花里胡哨的概念，其背后的理论基础也十分扎实。除了博格的开创之功、巴菲特的鼎力推荐外，ETF 的投资逻辑还凝结了多位诺贝尔经济学奖得主的智慧。同时，ETF 的背后另有一层道理，它非常契合行为金融学和心理学的逻辑。这也就解释了为什么我们在投资 ETF 时，会比较容易克服人类固有的心理弱点，更好地执行投资策略与操作纪律，避免陷入追涨杀跌的怪圈。

下面我们就来具体看看它的理论基石。

ETF 的经济学底层逻辑

毫不夸张地说，ETF 产品是人类不断深化和认识金融市场投资行为的产物。这一产品的底层逻辑是指数化投资理念，它直接来自现代投资组合理论和有效市场假说。

1952 年，美国经济学家哈里·马科维茨提出了现代投资组合理论。这套理论认为，投资者的投资组合决策，可以简化概括为期望收益和风险两个要素。其中风险可以用收益的方差来衡量。这样一来，所谓的最佳决策问题，就变成了在给定风险水平下寻找期望收益最大的投资组合，或者在给定期望收益水平下寻找风险水平最低的投资组合。

通过运用数学推导方法，这套理论给出了分散投资的建议。具体来看，马科维茨强调，通过分散投资各类相关性较低的资产，可以有效降低投资组合的风险水平。这是投资谚语"不要把鸡蛋都放在一个篮子里"背后的理论依据，也是投资 ETF 产品通过充分分散投资标的来帮我们有效控制风险的理论支柱。

今天我们说通过建立投资组合来分散投资、降低风险，似乎已经成为常识，无须过多解释，但在20世纪五六十年代，马科维茨的理论却是开创性的，被称为"华尔街的第一次革命"。在他之前，投资界普遍认同的策略是精心选择具有较佳前景的公司，大笔买入这家公司的股票。同时，也是从他开始，运用数学方法对金融投资进行分析逐渐成为风靡学术界和华尔街的全新潮流。1990年，马科维茨凭借这套理论获得了诺贝尔经济学奖，颁奖词中说，这是为了表彰他"在现代金融经济学方面的先驱式贡献"。

在马科维茨提出投资组合理论12年之后的1964年，他的学生威廉·夏普等人在老师理论的基础上，提出了"资本资产定价模型"（CAPM）。这个模型将风险进一步分解为系统性风险和非系统性风险两个部分。其中，系统性风险是所有证券都面临的风险，可以近似理解为整体的市场风险或是宏观经济风险，无法通过投资组合进行分散。非系统性风险则是各只证券本身的风险，可以通过构建多元化资产组合进行分散。

夏普的资本资产定价模型，进一步强化了ETF产品构建资产组合、实现投资标的多元化、降低非系统性风险的价值所在。这一模型也使夏普在1990年与老师马科维茨一同获得了诺贝尔经济学奖。

到了1970年，另一位美国经济学家尤金·法玛（Eugene Fama）提出了"有效市场假说"。这个假说设定了一个前提——市场参与者足够理性，能够对市场信息做出合理反应。在这个前提下，对法制健全、功能完备、信息透明、竞争充分的股票市场而言，所有有价值的信息都已经及时、准确、充分地在股票价格走势中得到反映，包括企业当前和未来的价值。在这样的市场中，除非对市场进行人为操纵，否则投资者都无法通过分析以往价格，获得高于平均水平的超额利润。

有效市场假说在提出之后产生了很大影响，也受到了很多质疑。虽然法玛后来在2013年也获得了诺贝尔经济学奖，但一直有不少人认为他所说的这种绝对理性的投资者、绝对有效的市场环境，只存在于理论假设之中，在实践中根本不存在。不过，法玛的这套假设依然得到了一定程度的验证和支持。

在ETF面世之后，人们发现专业机构和基金经理通过精心选股建立的投资组合，竟然在很长一段时间内无法战胜跟踪标普500指数的这类以获取市场平均收益为目标的ETF产品组合。我们在引言中提到的巴菲特"十年赌约"，就是这样一种情况。而这种市场中真实发生的状况，恰恰印证了有效市场假说，体现了通过ETF投资追求平均收益的价值所在。

从马科维茨到夏普再到法玛，三位获诺贝尔奖的经济学家像接力赛跑一样，不断巩固和完善关于构建金融资产组合的理论体系，而这一体系的持续完善也在不断强化ETF投资的底层逻辑，让它的理论根基更加扎实，也让我们在选择和坚持ETF投资时，信心更加坚定。

综上所述，ETF的原理虽然简单清晰、干脆利落，却代表了顶尖经济学家对金融投资的深刻认识。

ETF 的心理学隐藏价值

巴菲特有句投资名言："要在别人贪婪时恐惧，要在别人恐惧时贪婪。"这句话说起来容易，但是做起来非常困难。为什么呢？这是因为从众心态是人类与生俱来的心理特质，跟随市场的大众情绪一起追涨杀跌，属于基本人性。要想反其道而行之，本质上就是要和人性抗衡，谈何容易。

ETF 投资和其他投资一样，很多时候都需要和人性拧着来，甚至对着干。例如，在采取定投策略进行 ETF 投资的时候，我们需要坚持长期主义，避免市场短期波动影响情绪，甚至对操作纪律造成影响。但是，克服短期波动影响、坚持长期主义，在一定程度上也是不太符合基本人性的。所以，我们需要进行心理建设，保持强大的内心力量。

不过，ETF 还有一个隐藏的优点：它和人性对着干的地方相对较温和，人性弱点暴露的危险也更小一些。因此，我们在进行心理建设的时候，负担就没有那么重，也更容易坚持事先设计的投资策略，有更多机会赢得预期的投资收益。

具体来看，ETF 的这种心理学隐藏价值主要体现在以下两个方面。

第一，ETF 的投资逻辑，能够帮我们降低心理弱点暴露的危险。

在金融投资过程中，有一些环节是人类心理弱点暴露的高发区。在这些地方要想避免掉坑，不仅需要强大的专业能力，还需要坚强的意志，因此成功难度较大。

比如在进行个股投资时，根据股票以往的表现推测未来走势，在进行一般基金投资的时候，根据基金经理以往的业绩评判基金优劣，这些行为模式可以说司空见惯，看上去也没有什么问题。不过，它们的背后其实有一种根深蒂固的思维惯性——认为过往趋势仍将持续。但世界的真相并非总是如此，在很多领域起决定作用的并不是这种惯性效应，而是反人性、反直觉的均值回归效应。

要对抗思维惯性是非常困难的。这个时候，ETF 产品的价值就体现出来了，它不是在帮助我们和人性对抗，而是在产品逻辑上帮助我们规避根据过往业绩挑选个股、根据历史表现遴选基金的环节。我们要追求的是平均收益，不用挑选个股，一般也不用按照基金过往业绩挑选产品。因心理弱点暴露导致投资掉坑的危险得到大幅压缩，战胜人性的赢面自然大了不少。

第二，ETF 的投资策略，能够帮我们有效规避人性弱点的影响。

虽然我们无法完全规避人性弱点，但 ETF 的自身特性能够帮助我们更加坚定有力地执行投资策略，严守操作纪律，从而进一步降低人性弱点可能造成的影响。这方面有个很好的例子，就是 ETF 能够较好地缓解止盈和止损难题。止盈止损向来是投资理财的顶级难题，大家说"会买的是徒弟，会卖的才是师傅"，说的也是这个问题。

对此，行为经济学近年来进行了比较深入的研究。这是一个在经济学中引入心理学视角和方法的边缘学科，也是近年来经济学领域发展较快、较引人注目的分支之一。那么对于止盈和止损难题，行为经济学有何高论呢？

按照行为经济学的研究成果，止盈止损难题的背后，有一套关于人类心理特质和人性弱点的理论体系。1979 年，后来双双获得诺贝尔经济学奖的行为经济学领军人物丹尼尔·卡尼曼（Daniel Kahneman）和弗农·史密斯（Vernon Smith），一起提出了前景理论（Prospect Theory）。这套理论认为，人类存在"损失规避"的心理特质，也就是说，白捡 100 元带来的快乐，难以抵消丢失 100 元带来的痛苦。

由于"损失规避"心理的存在，人类的风险偏好是不固定的。具体来看，在确定获得某个收益和"赌一把"之间，如果我们倾向于选择落袋为安，那么我们是风险规避者。但在确定承受某个损失和"赌一把"之间，若我们倾向于选择"赌一把"，就又变成了风险偏好者。正是因为有这种摇摆性，我们往往会在上涨时止盈太早，导致收获有限；在下跌时又止损太晚、一味死扛，导致不能有效控制损失。这也是止盈和止损总是很艰难的重要内在原因。

那么，ETF 能解决这个难题吗？它当然无法扭转人性，但 ETF 的产品特质与有效的资产配置策略结合的确能够帮助我们更加简单明快地判断止盈与止损的时机，减少人性弱点对于买入卖出操作纪律的干扰，从而更加坚决地执行投资策略。

假设我们在 ETF 投资时执行定投策略。定投策略除了极特殊情况，一般都是以固定时间和固定金额投资某个标的，择时要求较低，不必过度担忧止损，所以止盈止损问题已经解决了一半。至于止盈问题，我们可以依据估值指标的百分点位设置止盈点，例如在市盈率的 80% 分位点止盈。这种操作方式也较易克服心理干扰、执行止盈策略。

如果我们采取网格交易策略，就可以根据 ETF 价格或所跟踪指数的估值指标设定网格区间，在网格下端设定买入点位，在网格上端设定卖出点位。这样一来，令人头疼的止盈与止损问题，就被分解成了按部就班进行的买入与卖出操作。我们至多需要考虑指数基本面可能出现的长时间的下行，并为此额外设置一个极端情况下的止损点位。总体来说，操作纪律也比较容易执行。

但无论是定投策略还是网格交易策略，都不是 ETF 投资的专属策略。对于个股投资、一般基金投资，同样可以适用，也同样可以发挥缓解止盈止损难题的功能。那为什么把它说成是 ETF 的独特优点呢？这主要是因为，ETF 具有多重优势，能够让定投、网格交易等投资策略更好地发挥作用。例如，ETF 的投资标的高度分散，信息透明且交易便捷，受人为因素影响较小以及估值指标区间、百分点位的测算时效性较强等。此外，在缓和人性弱点影响、缓解止盈止损难题等实战效果上，ETF 也具有明显优势。

盈利之谜：从 ETF 盈利表现洞察 ETF 投资方式

近年来，ETF 市场发展迅速，产品逐渐得到了机构投资者和个人投资者的认可与追捧。与此同时，无论是证券交易所、专业投资机构还是研究机构，对 ETF 的研究也越来越深入，形成了丰富的数据积累与分析洞察。

作为境内首只 ETF 的开创者，也是业内规模最大的指数基金管理者，华夏基金在境内 ETF 市场诞生 20 周年，基于广泛的市场调研与数字分析，编写了《指数基金投资金皮书：2024》（以下简写为"金皮书"），通过丰富的数据、富有洞察力的分析判断，为投资者进一步了解 ETF 市场趋势、洞悉 ETF 发展潮流，提供了重要的借鉴与参考。

下面，我们将主要围绕"金皮书"中的五大启示与五大洞察，分析指数盈利表现以及投资者交易行为，从而为投资者投资 ETF 提供实用参考。

提升指数基金盈利体验的五大启示

启示一：选基两步走，自此不迷路：先选指数，再挑产品

在调研和访谈时，机构投资者普遍认为，挑选合适的 ETF 有两大步骤：首先要筛出与投资目标相一致的指数，特别关注成分股是否符合投资目标；其次，基于选定的指数挑选相应 ETF 时，需要结合自身情况，综合考虑流动性、基金规模、费率、跟踪误差以及折溢价水平等因素。

启示二：跟随机构资金或者借助技术面指标，这样操作平均收益率更高

调研数据显示，在过去一年的震荡市场中，那些跟随机构资金流向或者借助技术面指标进行交易的投资者获得了不错的盈利体

验，平均收益率达到了9%，显著高于依靠其他因素进行交易的投资者。值得一提的是，当投资者迫切需要资金而出售ETF时，他们获得的回报率通常低于其他情况（见图5-1）。

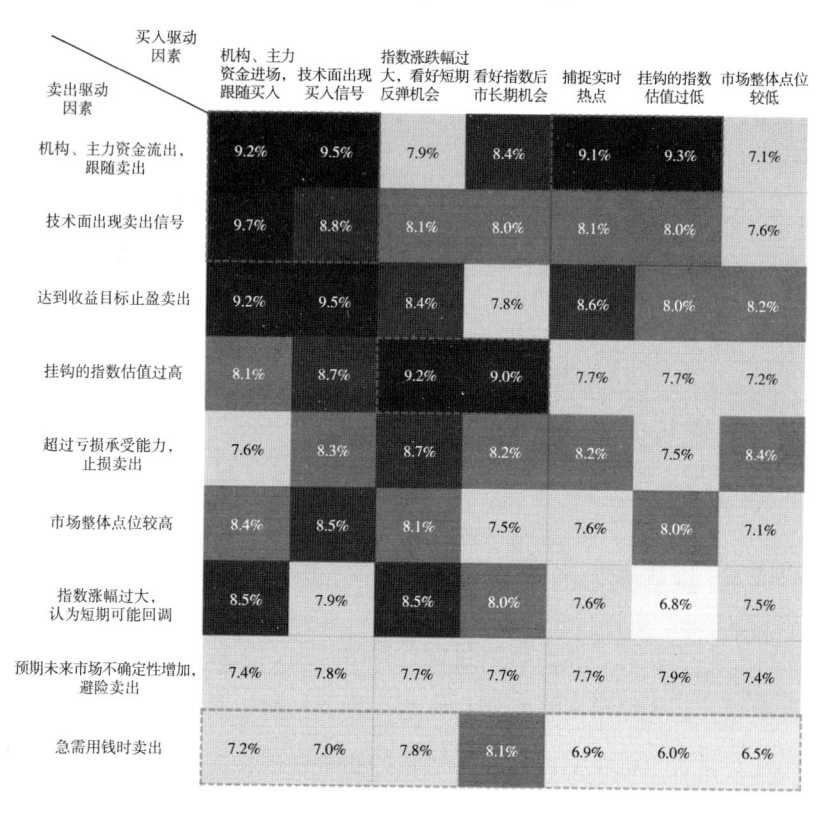

卖出驱动因素 \ 买入驱动因素	机构、主力资金进场，跟随买入	技术面出现买入信号	指数涨跌幅过大，看好短期反弹机会	看好指数后市长期机会	捕捉实时热点	挂钩的指数估值过低	市场整体点位较低
机构、主力资金流出，跟随卖出	9.2%	9.5%	7.9%	8.4%	9.1%	9.3%	7.1%
技术面出现卖出信号	9.7%	8.8%	8.1%	8.0%	8.1%	8.0%	7.6%
达到收益目标止盈卖出	9.2%	9.5%	8.4%	7.8%	8.6%	8.0%	8.2%
挂钩的指数估值过高	8.1%	8.7%	9.2%	9.0%	7.7%	7.7%	7.2%
超过亏损承受能力，止损卖出	7.6%	8.3%	8.7%	8.2%	8.2%	7.5%	8.4%
市场整体点位较高	8.4%	8.5%	8.1%	7.5%	7.6%	8.0%	7.1%
指数涨幅过大，认为短期可能回调	8.5%	7.9%	8.5%	8.0%	7.6%	6.8%	7.5%
预期未来市场不确定性增加，避险卖出	7.4%	7.8%	7.7%	7.7%	7.7%	7.9%	7.4%
急需用钱时卖出	7.2%	7.0%	7.8%	8.1%	6.9%	6.0%	6.5%

图5-1 跟随机构资金买卖的投资者的盈利表现
资料来源：《指数基金投资金皮书：2024》。

启示三：即使在被动投资领域，也要相信专业的力量

调研数据显示，投前咨询投资顾问的投资者盈利体验较好，过去一年盈利的投资者占比超85%。此外，在过去一年里，53.4%的

接受投顾服务的投资者获得了5%以上的收益，比未接受投顾服务的投资者高出13.2个百分点。专业力量的影响力在被动投资领域依旧显著（见图5-2）。

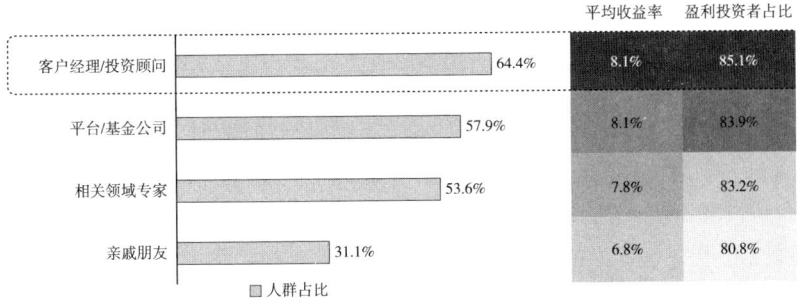

	人群占比	平均收益率	盈利投资者占比
客户经理/投资顾问	64.4%	8.1%	85.1%
平台/基金公司	57.9%	8.1%	83.9%
相关领域专家	53.6%	7.8%	83.2%
亲戚朋友	31.1%	6.8%	80.8%

图5-2 咨询投资顾问意见的投资者的盈利体验
资料来源：《指数基金投资金皮书：2024》。

启示四：用指数基金进行资产配置的盈利体验较好

调研数据显示，过去一年里投资指数基金的投资者中，实现盈利的投资者占比高于总体样本水平。如果用指数基金进行资产配置，过去一年的平均盈利达6.3%，超出单纯投资指数基金而未用其进行整体资产配置的投资者所获得的平均收益率。这表明指数基金在资产配置中发挥了积极作用，有助于提升投资组合的整体表现（见图5-3）。

启示五：定期再平衡，操作简单且对实现长期业绩至关重要

定期再平衡是一种投资策略，它基于预设的时间间隔（如每季度、每半年或每年）进行资产配置的调整，以确保投资组合的资产比例与目标配置保持一致。这种策略旨在通过定期调整投资组合中

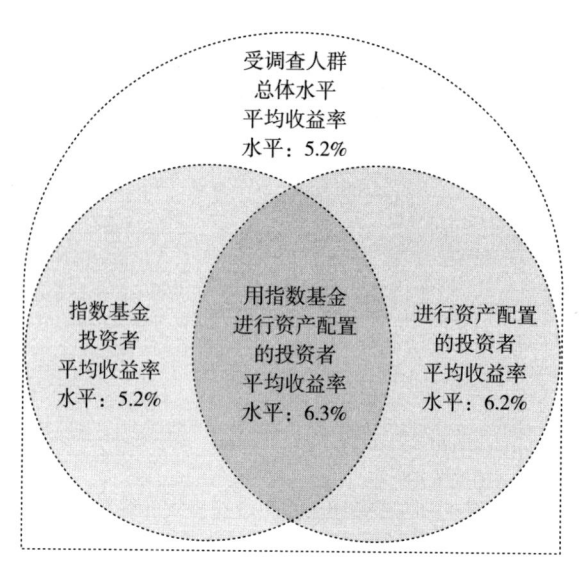

图 5-3 用指数基金进行资产配置的投资者的盈利表现
资料来源:《指数基金投资金皮书:2024》。

的资产比例,以优化投资组合的风险和收益。

调研数据显示,定期再平衡,也就是定期调整优化资产配置,是投资者进行调仓的主要动因。同时,过去一年的盈利数据表明,这部分投资者普遍获得了较好的盈利体验,87.8%的投资者实现了盈利,平均收益率也较高。此外,受访的机构投资者也强调,定期的资产再平衡对于实现长期稳健业绩具有较为重要的作用(见图5-4)。

ETF 行业发展五大洞察

洞察一:ETF 投资者更倾向于低买高卖,行为相对理性

调研数据显示,47.3% 的 ETF 投资者将指数大幅下跌作为其买

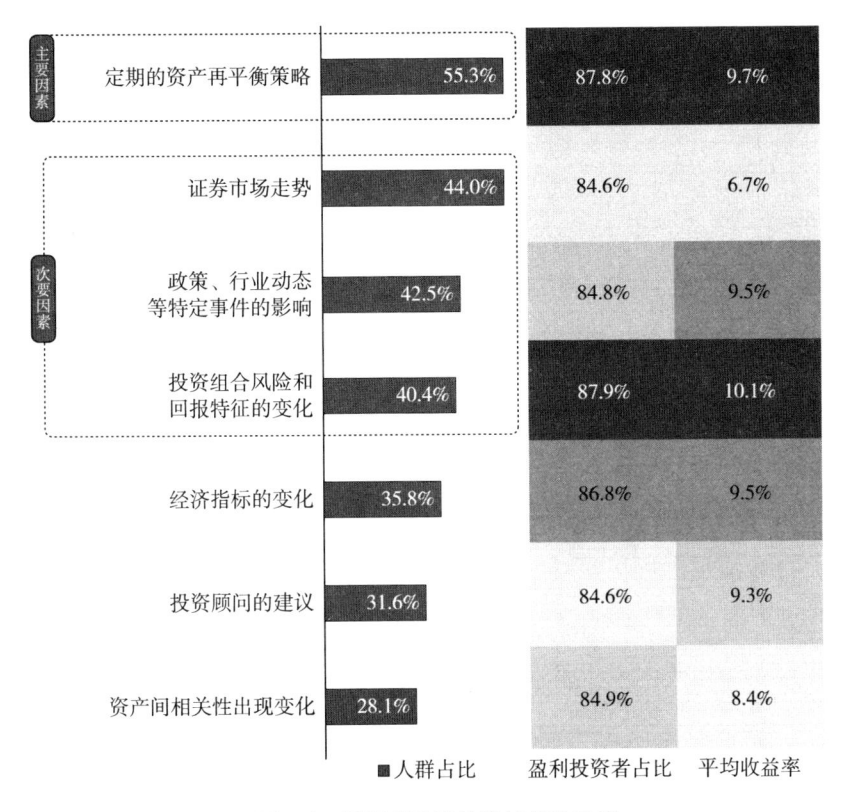

分类	因素	人群占比	盈利投资者占比	平均收益率
主要因素	定期的资产再平衡策略	55.3%	87.8%	9.7%
次要因素	证券市场走势	44.0%	84.6%	6.7%
次要因素	政策、行业动态等特定事件的影响	42.5%	84.8%	9.5%
次要因素	投资组合风险和回报特征的变化	40.4%	87.9%	10.1%
	经济指标的变化	35.8%	86.8%	9.5%
	投资顾问的建议	31.6%	84.6%	9.3%
	资产间相关性出现变化	28.1%	84.9%	8.4%

图 5-4　投资者盈利体验较好的因素

资料来源：《指数基金投资金皮书：2024》。

入的关键因素；44.4%的投资者在市场不确定性上升或指数涨幅过大时，倾向于卖出 ETF。此外，数据也显示，无论市场处于上涨还是下跌阶段，ETF 投资者均表现出明显的低买高卖行为——下跌时买入，上涨时卖出（见图 5-5 和图 5-6）。这些数据综合反映了 ETF 投资者理性的投资行为。

第五章　悟道：参透 ETF 背后的秘密

图 5-5 上涨阶段的投资者行为

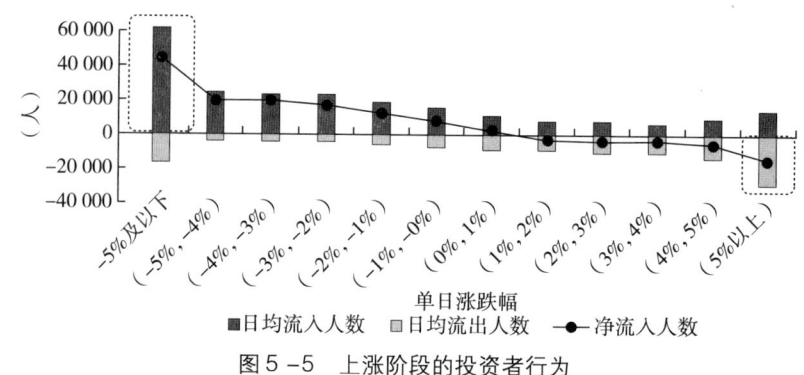

资料来源：华夏基金，统计时间为 2019 年 1 月 1 日~2021 年 12 月 31 日。

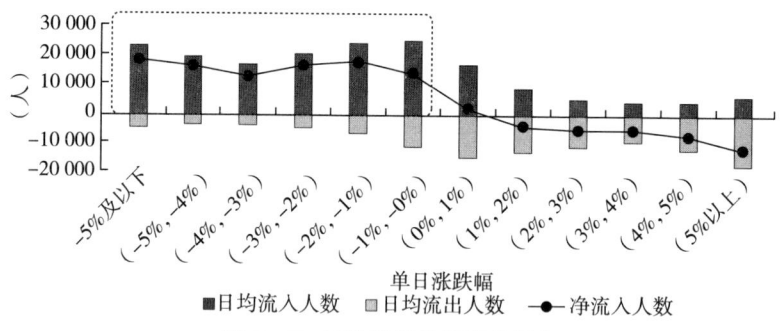

图 5-6 下跌阶段的投资者行为

资料来源：华夏基金，统计时间为 2022 年 1 月 1 日~2024 年 3 月 31 日。

洞察二：择时与择基是投资者参与指数基金的主要障碍

调研数据显示，尽管 87.6% 的投资者在本次调研中表达了未来投资指数基金的意愿，但实际参与过程中，投资者面临"择时"与"择基"两大"拦路虎"。

投资者对指数基金持观望态度的主要原因是不知道何时购买（40.4%）以及购买哪种基金（36.5%）。同时，尽管有部分投资者因对指数基金缺乏了解（31.5%）而犹豫，但其中 67.9% 的投资者表现出积极的学习意愿,他们倾向于通过互联网平台和专业投资顾问了解指数基金(见图5-7)。

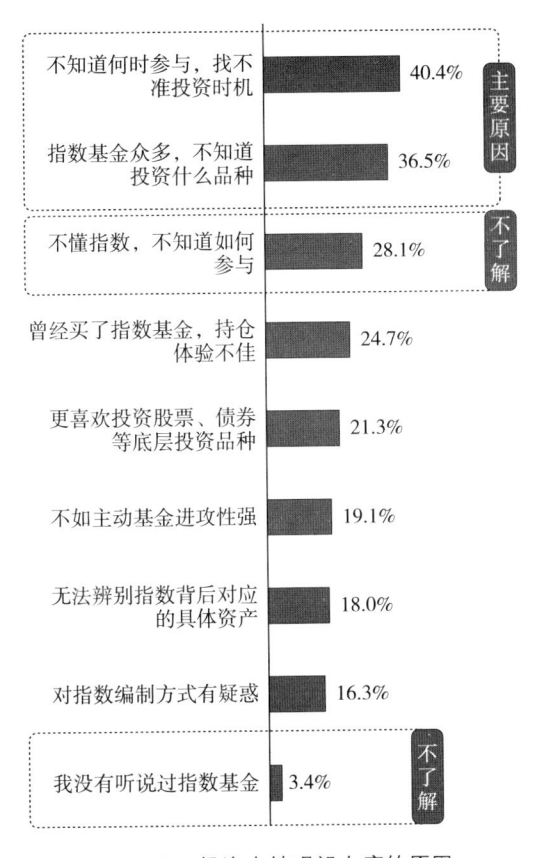

原因	比例	分类
不知道何时参与,找不准投资时机	40.4%	主要原因
指数基金众多,不知道投资什么品种	36.5%	主要原因
不懂指数,不知道如何参与	28.1%	不了解
曾经买了指数基金,持仓体验不佳	24.7%	
更喜欢投资股票、债券等底层投资品种	21.3%	
不如主动基金进攻性强	19.1%	
无法辨别指数背后对应的具体资产	18.0%	
对指数编制方式有疑惑	16.3%	
我没有听说过指数基金	3.4%	不了解

图5-7 投资者持观望态度的原因

资料来源:《指数基金投资金皮书:2024》。

洞察三:服务及时性与个性化成为ETF投资者的重要诉求

调研数据显示,ETF投资者期待能够获得及时的交易确认和账户管理通知。此外,那些愿意未来投资指数基金的投资者对投资服务的需求日益增长，特别是对个性化的资产配置策略和定期的市场分析表现出强烈的需求（见图 5-8）。

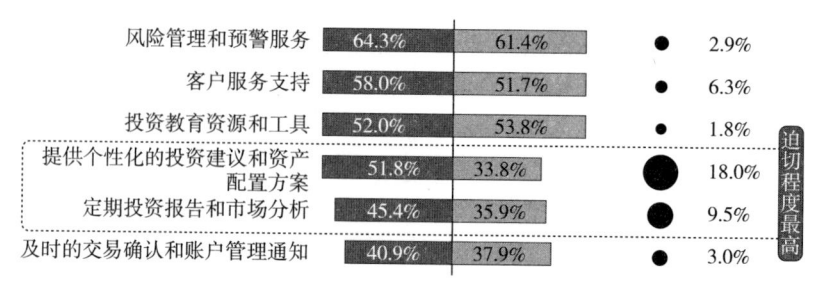

服务项目	未来愿意投资指数基金	未来不愿意投资指数基金	差额
风险管理和预警服务	64.3%	61.4%	2.9%
客户服务支持	58.0%	51.7%	6.3%
投资教育资源和工具	52.0%	53.8%	1.8%
提供个性化的投资建议和资产配置方案	51.8%	33.8%	18.0%
定期投资报告和市场分析	45.4%	35.9%	9.5%
及时的交易确认和账户管理通知	40.9%	37.9%	3.0%

（迫切程度最高）

图 5-8　投资者服务需求
资料来源：《指数基金投资金皮书：2024》。

洞察四：投资者希望提高投顾服务的透明度与多样性

调研数据显示，45.4%的投资者希望投资顾问能够清晰地解释投资决策背后的逻辑和潜在风险，提高服务透明度。同时，44.4%的投资者希望投资顾问可以提供更加个性化的投资策略以及覆盖更多产品的资产配置方案。此外，投资者还期望投顾能够提供更完善的客户服务体系、更灵活便捷的服务方式，以及利用先进技术，如AI和大数据分析，提供有数据基础的投顾内容（见图 5-9）。

洞察五：机构投资者期待加强投教、完善风险管理、加大创新力度

调研数据显示，机构投资者希望继续加强 ETF 的市场宣传和投资者教育，以提升对 ETF 特别是行业主题 ETF 的认知度，解决名称相似但底层资产差异导致的困惑；希望进一步完善风险管理工

45.1%	44.9%	43.9%	42.8%	41.5%	34.0%	30.2%
提高服务的透明度	根据风险偏好和投资目标定制投资策略	提供更全面的资产配置方案	建立更完善的客户服务体系	提供更加灵活和便捷的服务方式	利用先进的技术	提供投教内容
清晰地解释投资决策背后的逻辑和潜在风险	提供更加个性化的投资建议	覆盖更多种类的投资产品和市场	提供及时的响应和专业的客户支持	如在线平台、移动应用等	如AI和大数据分析等，提供有数据基础的投顾服务	帮助投资者更好地理解市场动态

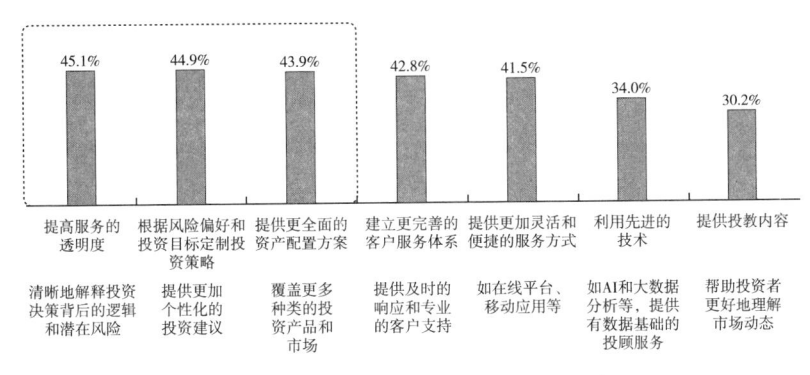

图 5-9 投资者对投顾服务的期望示意

资料来源：《指数基金投资金皮书：2024》。

具，研究推出更多的 ETF 期权品种；希望大力推动产品创新，丰富 ETF 产品链，为投资者提供更加多元化的资产配置工具，进一步发挥 ETF 在服务居民财富管理需求上的重要作用。

避坑心法：ETF 投资的主要误区

在本书的结尾，我们一起来聊一聊在进行 ETF 投资时应该回避的一些认识误区。它们之中的每一个都是投资者付出真金白银换来的"血泪教训"，避开这些坑，我们的 ETF 投资之路才能行稳致远，我们才能追求可持续的稳健收益。

误区一：投资理财可以一夜暴富

这是我们在踏入投资市场时，必须避开的第一个坑。我们身边可能充斥着各种一夜暴富的故事，也会有各种各样的信息在诱惑我们，诸如"年赚50%""保本包赚"之类。

平心而论，不排除有高人或是运气爆棚的投资者真的创造了财富神话，而市场上也确实曾涌现出一些十倍股甚至百倍股。但我们要记住一点，比起这些难以持续、难以学习且背后风险巨大的极端个例，投资理财更重要的事情，是在风险可控的情况下追求稳健可持续的收益。按照这个目标，即便是巴菲特，能长期维持的年收益率也只有20%左右。但是这20%已经足够让他成为"股神"，成为全球业界仰望的成功投资者之一。

ETF 投资的重要优势，就是能让我们更容易地实现风险控制与稳健收益的平衡，它的价值在于稳健而可持续地获取市场平均收益，因此 ETF 投资更不能追求一夜暴富，只要我们坚持下去，因为复利魔法的存在，收获回报的概率会逐步加大。

误区二：只有牛市才可以挣钱

大多数投资新手都喜欢牛市，讨厌或者害怕熊市，偏偏 A 股市场又有牛短熊长的特征，很让人头疼。但有充分的数据显示，市场上并非不存在牛市投资失败的情况。在牛市出现时，已经在市场里的投资者容易在乐观情绪的影响下，不断追加投入；还没有入市的新手则会蜂拥而入。等到牛市退潮，市场急转直下，就可能出现大量亏损。因此熊市在一定程度上也是买入操作的良好时机，牛市则是需要做好风险控制的关键时刻。

此外，ETF 投资对牛市的依赖相对较小，它追求的是可持续的平均收益，并不过多依赖牛市暴涨获利。若我们正确运用投资策略，还可以进一步提高对不同市场形势的适应能力，成为穿越牛熊的全天候投资者。例如我们可运用定投策略，坚持长期的规律性操作；运用网格交易策略，抓住波动可能带来的挣钱机会；通过配置行业、主题 ETF，捕捉行业、主题增长机遇；使用波段策略等，获取市场波动的收益等。

误区三：ETF 投资可以完全躺平不管

ETF 投资一般以获取平均收益为目标，投资标的高度分散，挑选具体产品的难度相对较低，对投资者专业能力和经验的要求也较低，也不需要时时刻刻盯盘，不至于占用过多的时间精力。因此，除了机构投资者和专业投资者，ETF 投资也较为适合用业余时间进行投资理财与资产配置的上班族、对投资了解相对有限的小白。

不过，这并不代表我们选择了 ETF 投资就可以完全躺平不管。ETF 产品虽受操盘者的人为因素影响较小，但仍需要我们在具体的 ETF 大类里对具体品种、产品取舍、入场时机、止盈和止损操作、仓位与头寸管理等环节做出自己的判断和选择。在执行定投、网格、轮动等具体操作策略的时候，也需要我们对策略的要素有所了解，进行理性决策。除此之外，如果我们对宏观经济形势、政策走向、市场热点、量价指标等技术面信息有所了解，也可以进一步提高投资决策的胜率。

当然，即便如此，ETF 投资依然是一种较为友好的投资理财工具。此外，如果我们能找到实力较强的专业机构，也能进一步享受它的友好与便利。

误区四：ETF 很复杂，不适合投资新手

不少投资者看到"ETF"这三个英文字母，便会觉得它的门槛很高、操作很复杂，但事实并非如此。

近年来，指数基金的品种与数量日益提升，ETF 基金越来越"接地气"，现已逐渐成为普通投资者投资指数基金的场内工具。究其原因，或许离不开 ETF 基金"参与简单便捷"的优势。只要投资者拥有证券账户，就可以像交易股票一样买卖 ETF。并且 ETF 基金 1 手起买、门槛低，基本上各大宽基指数都有相应的 ETF 产品，通过 ETF 对心仪指数进行跟踪，效率更高，难度也较低。即使没有证券账户，也可以通过基金公司直销平台、银行、第三方代销平台进行场外交易。

此外，在资产配置的大时代，我们可选择的资产类别也越来越多，通过 ETF"打包"各大类资产，对投资小白来说也更方便快捷。

总结

在本书的最后，我们再来一起回顾一下。

我们在初步认识 ETF 这种极富魅力的投资理财工具之后，进入筑基阶段，深入探讨为什么要选择 ETF 这种投资产品，了解它的种

种优势。随后，我们开始复盘，了解 ETF 的发展历史和交易方式，像巡视武器库一样，全面巡视和检阅各种 ETF 产品类型，熟悉它们各自的特长和使用场景，为我们在实战中得心应手地选择使用打好基础。然后，我们进入进阶部分，从估值工具入手，解决如何看懂 ETF 产品的问题，学习遴选合适 ETF 产品的"内功心法"，掌握多快好省完成 ETF 交易的技术手段。万事俱备之后，我们进入实用又好玩的 ETF 实战部分，从入门工具、进阶工具、高级策略到配置思想，一步步提升实战能力，学习掌握在真实的投资市场纵横驰骋的本领，做好充分准备。最后，我们回过头来悟道升华，以更加深邃的洞察，看透 ETF 投资的本质，领悟背后的底层奥秘，为我们的 ETF 投资之路做好修炼和加持。

到这里，这一段奇妙的 ETF 之旅就暂时告一段落了。但对 ETF 投资来说，这只是一个开始。就好比境内 ETF 市场走过了 20 年生机勃勃的发展之路，经历了欣欣向荣的快速发展，可相比它未来无限远大的前景而言，也只是一个开始。就如同用乐高积木能拼出多姿多彩的梦幻王国一样，ETF 也将成为投资者掌控自己财富的利器，并通过它搭建出个人资产配置的"自由王国"。

希望读者通过本书能够熟悉和应用 ETF 这种凝结人类投资理财和资产配置智慧的强大工具，在市场中做出最符合自己的选择与决策，为自己、为家人，赢得更加美好的人生。

作者提示

1. 本书提到的基金属于股票基金、商品基金，具体风险评级结果以基金管理人和销售机构提供的评级结果为准。

2. 以上基金可能出现跟踪误差控制未达约定目标、指数编制机构停止服务、成分券停牌或违约等风险，其联接基金的基金资产主要投资于目标ETF，在多数情况下将维持较高的目标ETF投资比例，基金净值可能会随目标ETF的净值波动而波动，目标ETF的相关风险可能直接或间接成为联接基金的风险。

3. 投资者在投资以上基金之前，请仔细阅读基金的《基金合同》、《招募说明书》和《产品资料概要》等基金法律文件，充分认识基金的风险收益特征和产品特性，并根据自身的投资目的、投资期限、投资经验、资产状况等因素充分考虑自身的风险承受能力，在了解产品情况及销售适当性意见的基础上，理性判断并谨慎做出投资决策，独立承担投资风险。

4. 基金管理人不保证以上基金一定盈利，也不保证最低收益。以上基金的过往业绩及其净值高低并不预示其未来业绩表现，基金管理人管理的其他基金的业绩并不构成对本基金业绩表现的保证。

5. 基金管理人提醒投资者基金投资的"买者自负"原则，在投资者做出投资决策后，基金运营状况、基金份额上市交易价格波动与基金净值变化引致的投资风险，由投资者自行负责。

6. 中国证监会对以上基金的注册，并不表明其对基金的投资价值、市场前景和收益做出实质性判断或保证，也不表明投资于以上基金没有风险。

7. 文中所提产品由华夏基金发行与管理，代销机构不承担产品的投资、兑付和风险管理责任。

8. 本书中的观点仅供参考，不作为任何法律文件，亦不构成任何要约、承诺，书中的所有信息或所表达意见不构成投资、法律、会计或税务的最终操作建议，管理人不就书中的内容对最终操作建议做出任何担保。基金有风险，投资须谨慎。